Début d'une série de documents
en couleur

[BIBLI]OTHÈQUE POPULAIRE

sous le patronage du Parti Ouvrier 14

LA

BELGIQUE

EN 1886

par

L. BERTRAND

Rédacteur au Journal le Peuple

TOME I

25 Cent. le volume

BRUXELLES

L. Bertrand — Directeur || **J. Maheu** — Administrateur

11, RUE DU PERSIL

80 centimes franco de port à l'étranger.

BIBLIOTHÈQUE POPULAIRE

à 25 centimes le volume

Ouvrages parus :

Anseele, Ed.	Sacrifié pour le Peuple (3 vol.)
Arnould, V.	L'Evolution sociale en Belgique
Bertrand, L.	Le Parti ouvrier et son Programme
—	La Belgique en 1886 (2 vol.)
Béru, C.	Le Revers d'une médaille
Castiau, A.	Lettres démocratiques
Degreef, G.	L'Ouvrière dentellière en Belgique
Eekhoud, G.	Kermesses
Enne, Francis.	L'Abbé Dellacollonge (2 vol.)
Heusy, P.	Un Coin de la Vie de Misère
Lafargue, P.	Le Droit à la paresse. La Religion du capital
Pergamenni, H.	Le Vicaire de Noirval
Picard, Ed.	Mon Oncle le Jurisconsulte
Schaffle, A. E.	La Quintessence du Socialisme

Pour paraître au mois de Février :

Arnould, V.	Le Programme radical
Bertrand, L.	Portraits politiques
—	Questions ouvrières
Chirac, Aug.	La prochaine Révolution
Degreef, G.	M. Frère-Orban
Deville, G.	La Conspiration des égaux
Furnémont.	Les Syndicats professionnels
Hermann, A.	L'Enquête industrielle
—	L'Enquête agricole
—	Chez le Mayeur (roman)
Pergamenni, H.	Hélène Raymond
Picard, Ed.	La forge Roussel

Pour paraître au mois de Mai :

Bertrand, L.	La Coopération
De Paepe, C.	Les Services publics
—	La Propriété
Fourier.	L'Association et le Travail attrayant
Fournière.	Aphorismes sociologiques
Hermann, A.	Nos Ecrivains Nationaux
Rouanet.	L'Evolution économiste
Stranger, James.	Le Christianisme social
Volders, Jean.	Contes populaires
—	Coups de Griffes
—	La Vie pauvre

On reçoit séparément chaque volume en adressant 25 centimes en timbres postes, à M. J. MAHEU, 11, rue du Persil à Bruxelles.

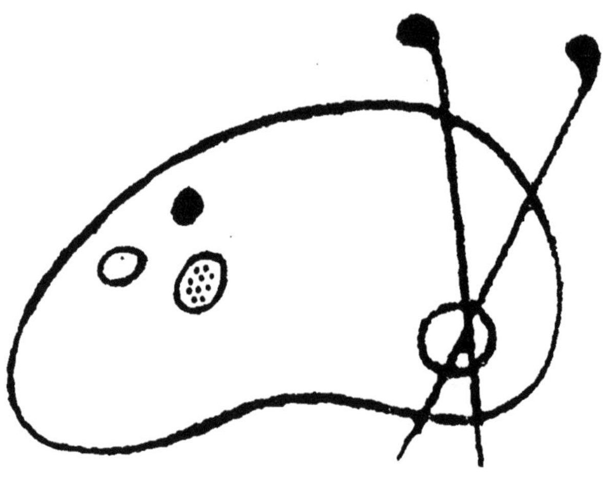

Fin d'une série de documents
en couleur

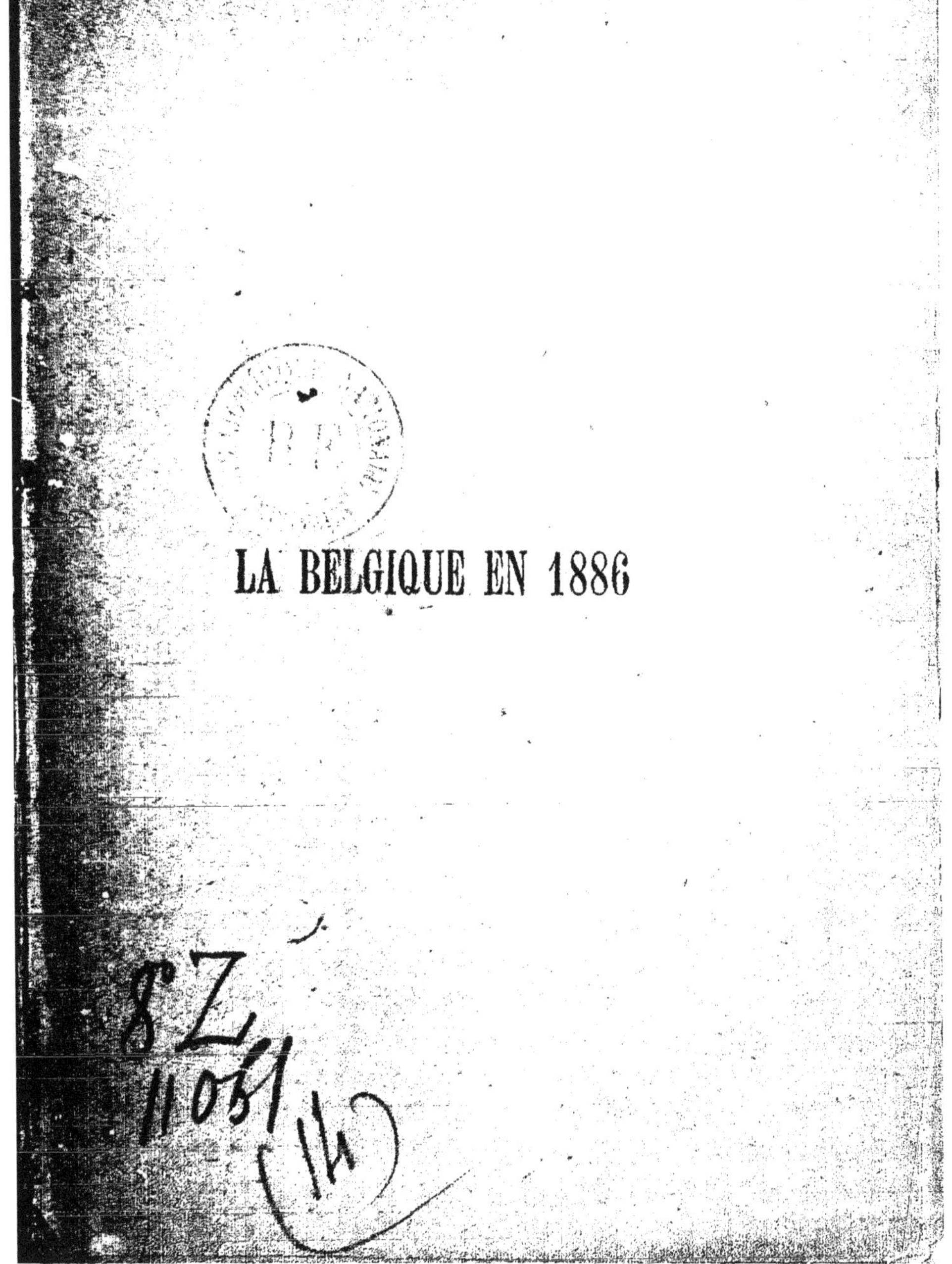

LA BELGIQUE EN 1886

BIBLIOTHÈQUE POPULAIRE
à 25 centimes le volume

LA BELGIQUE
EN 1886

PAR

Louis BERTRAND

Rédacteur au **PEUPLE**

TOME I

BRUXELLES
11, RUE DU PERSIL, 11

PRÉFACE

L'année 1886 marquera dans l'histoire de notre pays. Elle est notre *année terrible*, comme l'année 1871 le fut pour la France.

L'année 1886 a vu aux prises les repus et les misérables : ceux qui gouvernent à leur profit avec ceux qui demandent à avoir leur part des avantages sociaux.

Nous avons eu nos troubles, nos châteaux en feu, nos usines détruites. Nous avons vu la bourgeoisie affolée, les misérables furieux, le pays sens dessus-dessous.

La bourgeoisie a eu peur. Les pouvoirs publics ont été secoués terriblement et ont un instant abdiqué leur autorité entre les mains d'un général sans pitié.

Nous avons eu des hommes, des belges, tués par des balles belges ! Nous avons vu des pleurs, entendu des grincements de dents, des cris de haine et de colère.

Le monde gouvernemental a été secoué. Il semblait ignorer les misères qui existent en bas et, après avoir fusillé et condamné, il a fait faire une enquête !

Cette enquête a prouvé à quel état de détresse sont réduites les couches populaires. Elle a permis aux malheureux d'étaler leurs souffrances au grand jour, de signaler par centaines les vexations, les dénis de justice dont ils sont victimes.

Elle a montré enfin l'ignorance et l'impuissance de ceux qui gouvernent le pays — malgré la volonté de l'immense majorité du peuple belge.

L'année 1886 a marqué surtout le réveil de notre nation. Les masses populaires, trop longtemps endormies dans une indifférence coupable, font décidément entendre leur grande voix. Partout les souffre-douleurs s'organisent, revendiquent leurs droits et s'occupent de leurs intérêts. Partout ils réclament justice et travaillent à l'amélioration de leur condition sociale.

Nous avons pensé qu'il serait à la fois intéressant et utile de rappeler successivement les faits qui forment cette phase de notre histoire nationale.

Ce petit livre est, en quelque sorte, le procès-verbal de la grande discussion qui a lieu dans notre pays entre ceux qui gouvernent et sont les maîtres et ceux qui veulent avoir leur mot à dire et sont las d'être traités en esclaves. Il est aussi l'acte d'accusation de la classe bourgeoise qui a abusé de sa puissance et de la bénignité du peuple pour tenir ce dernier dans un état d'infériorité révoltant.

Nous serons sobres de commentaires, les faits parlant assez haut par eux-mêmes. Nous nous bornerons, la plupart du temps, à citer les journaux du jour.

Nous puiserons au jour le jour, dans les feuilles quotidiennes, les renseignements que nous aurons à citer.

C'est au *Peuple*, à la *Réforme* et à la doctrinaire *Gazette* surtout que nous emprunterons nos renseignements. Nous le ferons avec impartialité, mais, avant tout, guidé par un profond amour de la vérité et une grande compassion pour les misères des travailleurs. Nous serons impitoyable cependant pour ceux qui, par une indifférence coupable, sont les principaux auteurs des désordres qui ont marqué l'année près de finir.

Espérons qu'en rappelant les néfastes événements de cette année, nous ouvrirons enfin les yeux aux gouvernants et qu'ils changeront de tactique, en rendant moins odieux leur joug et en donnant, à l'avenir, une meilleure place au banquet de la vie à ceux qui en sont systématiquement écartés aujourd'hui.

Décembre 1886.

La Belgique en 1886

Janvier

Visites du jour de l'an au palais du roi. — Souscription pour le Congo. — La grève des étudiants en médecine de l'Université de Bruxelles. — Une vitrioleuse. — Les grèves à Gand, à Bruxelles et au Borinage. — Bal de la Cour. — Nos verreries : les fours à bassin. — Dans le Centre. — Mort de Jacob Kats. — M. de Cadignan. — Le mouvement ouvrier. — A la Chambre. — Au Sénat.

Le 1er janvier de chaque année, il est d'usage de voir ce qu'on appelle les corps constitués s'en aller au palais congratuler Léopold II et son épouse.

Cette année-ci, comme les années précédentes d'ailleurs, ces messieurs du Sénat, de la Chambre, de la Cour de cassation, du clergé, ainsi que du corps diplomatique, ont débité leurs balourdises et leurs flagorneries habituelles.

Des misères du peuple, des réformes à introduire

dans notre législation, les « grosses légumes officielles » n'ont soufflé mot. Est-ce qu'ils ne sont pas heureux, ces gens-là ? Quant aux autres, ils ne s'en soucient guère !

En revanche, ils ont beaucoup parlé de l'entreprise congolaise et ont félicité cette Majesté de son nouveau titre de Souverain des noirs du Congo.

« On a remarqué », disait un journal, « que les personnages officiels se sont abstenus de parler au roi de madame Jeffries ».

Je crois bien !

* * *

Il est beaucoup question, dans la presse, d'une grande souscription à un emprunt de cent millions que le nouvel État du Congo compte faire d'ici quelques jours. Malheureusement pour le roi et ses compères dans l'affaire pendante, les amateurs sont rares. Féliciter le roi pour son « œuvre civilisatrice », tant qu'on voudra ! Mais délier les cordons de sa bourse, oh ! jamais ! Voilà quelle est l'attitude de la grosse bourgeoisie.

On dit que Léopold II a sacrifié une vingtaine de millions dans cette entreprise africaine et, en vrai d'Orléans, il voudrait bien rentrer au plus tôt dans ses fonds. Mais le projet d'emprunt ne prend pas du tout, et il n'a pas plus de chances à l'étranger qu'en Belgique.

*
* *

L'année commence mal. Un vent de grève et de révolte souffle à travers le pays.

Les doctrinaires du Conseil des Hospices viennent de révoquer plusieurs chefs de clinique de nos hôpitaux. Parmi ces professeurs il y a le docteur Crocq qui a rendu tant de services à la science. Les étudiants en médecine, justement indignés de cette décision, se sont mis en grève et déclarent qu'ils ne remettront plus les pieds à l'Université aussi longtemps que leur professeur ne leur sera pas rendu.

Ces futurs praticiens font un tapage d'enfer et se signalent chaque jour par leurs protestations.

En attendant que les pontifes du Conseil des Hospices se démettent ou se soumettent, M. le docteur Crocq donne son cours au nouvel hôpital de Molenbeek-Saint-Jean.

*
* *

Quand la loi ne protège pas les individus, ceux-ci se font justice eux-mêmes. Il ne peut y avoir d'autre solution pour ceux que l'iniquité révolte. C'est le cas d'une pauvre fille qui essaya de vitrioler son amant.

Voici l'histoire en deux mots :

Anna Van O..., ouvrière repasseuse, fut remarquée un jour par un certain W..., cocher de place. Celui-ci trouva Anna jolie, lui fit la cour. Et il arriva alors ce qui arrive toujours : la fille se donna, confiante dans les déclarations et les promesses de celui qu'elle aimait... Ils vécurent ensemble pendant deux ans.

Un jour, cependant, W..., fatigué de la pauvre fille, l'abandonna. La malheureuse, naturellement, en fut très affectée, d'autant plus que de ses relations avec son lâche amant une enfant était née.

Anna s'en alla habiter une mansarde et travailler tant qu'elle put pour se nourrir, elle et son enfant. Elle fit l'impossible pour y arriver, ne voulant pas, par un reste de coquetterie sans doute, paraître malheureuse aux yeux de son ancien amant.

Mais un jour vint où, ne pouvant plus lutter contre la faim, voyant son enfant périr de besoin, elle tenta d'attendrir le cœur du père de sa petite fille. Rien n'y fit. Elle renouvela ses démarches trois fois de suite. Elle écrivit des lettres qu'il ne décacheta même pas, et lorsque, dans une dernière tentative, elle alla de nouveau faire appel à son cœur, pour leur enfant, W... répondit par des injures.

Et l'on s'étonne alors que cette malheureuse ait couru chez un droguiste, puis essayé d'aveugler son vil séducteur? Le contraire seul devrait sembler étrange!

Ce qui est scandaleux, ce n'est pas l'acte commis par la malheureuse abandonnée, c'est la loi qui laisse la liberté la plus entière aux séducteurs et aux libertins.

Quand donc les législateurs feront-ils une loi sur la recherche de la paternité, loi qui, en même temps, protégera la femme contre les tentatives criminelles des don Juan de haut et de bas étage?

* * *

Les ouvriers de la *Grasfabriek*, à Gand, se sont mis en grève à cause d'une diminution de salaire s'élevant à huit centimes et demi par heure. Trois cents ouvriers ont cessé le travail, ne voulant pas subir cette diminution de salaire.

Cette grève a fait beaucoup de bruit. L'opinion publique n'a pas ménagé ses sympathies pour ces malheureux ouvriers fileurs et de toutes parts des secours pécuniaires sont arrivés nombreux.

M. Lippens, bourgmestre de Gand, est intervenu pour concilier les deux intérêts en présence. Il a tout d'abord été très mal reçu par le fabricant, mais il ne s'est pas rebuté pour si peu.

La grève, commencée le 12 décembre, s'est terminée le 10 janvier. Les ouvriers sont sortis victorieux de la lutte, le fabricant ayant retiré sa prétention de diminuer leur maigre salaire.

Les ouvriers passementiers de Bruxelles viennent également de se mettre en grève. Motif : diminution de 25 p. c. sur les salaires. Rien que 25 p. c.!

Divers journaux publient des renseignements sur la triste situation des ouvriers houilleurs du Borinage.

Voici ce qu'écrit un journal :

« Une misère épouvantable règne dans le Borinage. On ne fait plus dans les charbonnages que trois ou quatre jours par semaine, et dans bon nombre de fosses il est interdit de gagner plus de 2 fr. 50 c. par jour.

» Le bruit court à Frameries que la fermeture des charbonnages de l'*Agrappe* est décidée. Si cette mesure reçoit son exécution, il faut s'attendre à des troubles, car le mécontentement est général.

» Les charbonnages de l'*Agrappe* occupent plus de deux mille ouvriers. Où trouveraient-ils du travail? Où et comment auront-ils du pain? Qu'on réfléchisse avant de recourir aux extrémités. »

*
* *

Pendant ce temps, on danse ferme et on fait bombance à la cour du roi Léopold!

Les journaux publient force détails sur ces sauteries du grand monde officiel. Naturellement, les sauteurs politiques ne manquent pas à ces fêtes.

Ce n'est pas encore de cette façon-là que les ventres creux se rempliront !

*
* *

Le 14 janvier, le *Peuple* publie un article du citoyen Delwarte, de l'*Union verrière* de Charleroi, sur la situation de l'industrie verrière.

Nous en citons quelques passages très curieux :

« Depuis l'installation des énormes fours à bassins Baudoux et Cie, de Jumet, tout le monde verrier est en ébullition. Cette transformation dans l'industrie verrière est tout aussi préjudiciable aux intérêts des petits industriels qu'à ceux des ouvriers.

» Le progrès dans l'industrie amène partout les mêmes résultats : la suppression des classes moyennes. Le capital fortement organisé en sociétés anonymes, maître absolu, exploite et dirige le travail à son gré; on s'achemine vers le collectivisme, car l'anonymat capitaliste y conduit infailliblement. Si ce résultat n'est pas encore atteint par la grande industrie verrière, il n'en est pas moins vrai qu'on y marche à pas de géants.

» Qu'en résultera-t-il? Voyons déjà ce qui se fait.

Y a-t-il encore des clauses de réciprocité dans les contrats? Plus aucune. Il est même des contrats dans lesquels l'ouvrier déclare renoncer à tous droits et actions contre le patron, du chef d'accident dont il pourrait être la victime pendant ou à l'occasion de son travail, reconnaissant avoir pris des renseignements sur les lieux et s'être pénétré des dangers que ses occupations lui feront courir. Ce que n'avait jamais imaginé l'industriel verrier pour les fours à charbon, est trouvé par lui, dès l'instant que la situation change : l'installation des fours à bassins entraînant une assez grande quantité de dangers, — c'est le patron qui le dit, — il est juste, il est rationnel que ce soit l'ouvrier qui en supporte les conséquences! C'est du moins ainsi que les industriels Baudoux comprennent la justice. Pourquoi subiraient-ils, grands industriels, les tristes conséquences d'un accident dont serait victime l'ouvrer? Cet accident empêchera le verrier de travailler pendant quelques mois, c'est son affaire; il en mourra peut-être, il devait le prévoir! »

Dès le mois de janvier donc il régnait un vif mécontentement dans le monde verrier — tant du côté des petits industriels que du côté des ouvriers — contre les fours à bassins.

* * *

Dans le Centre-Hainaut, les ouvriers se plaignent

de leur salaire. Ils prétendent qu'il leur est impossible de vivre en ne gagnant que dix-huit à vingt francs par semaine.

Partout des ligues ouvrières se constituent, tant parmi les ouvriers houilleurs que parmi les carriers.

La Louvière a commencé. Puis viennent tour à tour Saint-Vaast, Carnières, Morlanwelz, Jolimont, Besonrieux, Bracquegnies, Écaussines, etc.

* * *

Jacob Kats, l'initiateur du mouvement ouvrier à Bruxelles et dans le pays flamand après 1830, est mort dans la capitale, le 14 janvier, à l'âge de quatre-vingt-deux ans.

Comme le disait le docteur De Paepe dans un article biographique, Jacob Kats s'est éteint dans l'oubli : Il s'est survécu. il eut cependant son heure de gloire et pendant près de vingt ans il lutta énergiquement, par la plume et par la parole, pour la défense des intérêts populaires.

Jacob Kats, après avoir lutté pendant de longues années, fut pris d'un grand découragement en voyant le peu de progrès que faisaient ses idées.

Quelques-uns ont dit qu'il s'était vendu au pouvoir et avait lâché le mouvement démocratique en retour d'une bonne place. De Paepe proteste contre ces dires et déclare qu'ils n'ont rien de fondé.

« Un jour, ajoute le docteur De Paepe, Kats se trouva être le directeur du premier théâtre flamand, alors au « Parc », et ce théâtre reçut un subside à titre d'encouragement à la langue flamande. C'était l'os à ronger que le gouvernement jetait en passant au dogue populaire, mais en même temps ce fut là l'origine de tous les racontars au sujet de Kats et de sa prétendue trahison.

» La vérité est que Kats resta et vécut pauvre jusqu'à la fin de sa carrière ; les décorations et autres faveurs gouvernementales qui plurent sur la tête de tant d'autres écrivains flamands, ne furent jamais son lot ; il les dédaignait, du reste. Au surplus, il avait conservé, nous l'affirmons, toutes les convictions de sa jeunesse ; et au moment de mourir il mettait la main à un dernier ouvrage rationaliste et démocratique. Il est mort comme il a vécu, en démocrate et en libre penseur. »

*
* *

Il n'est bruit, depuis quelques jours, que d'un certain vicomte de Cadignan, qui est poursuivi pour s'être rendu coupable d'une série d'escroqueries. Il a été arrêté à Cannes et va être traduit devant la police correctionnelle. Le nom d'un député de

Bruxelles est mêlé à cette affaire qui fait un tapage infernal.

*
* *

Le mouvement ouvrier marche on ne peut mieux Dans toutes les contrées industrielles de notre pays, il se fait un très grand travail de propagande. Chaque jour voit naître une nouvelle société ouvrière. Nous nous rappelons, à ce sujet, une belle pensée du vieux Jacobi : « La création de la plus petite société ouvrière tiendra plus de place dans l'histoire que vingt batailles ! »

*
* *

A la Chambre, quand elle est en nombre, on continue la vieille parlotte parlementaire. Un député de Nivelles, grand éleveur de bétail, dépose un projet de loi frappant d'un impôt l'entrée du bétail en Belgique.

Puis nos députés discutent et votent les budgets les uns après les autres. Cette danse de millions paraît les amuser beaucoup.

*
* *

Au Sénat, on discute longuement sur les pensions civiles.

Les gens qui croient représenter la nation belge et qui, en réalité, ne représentent qu'eux-mêmes et quelques milliers de censitaires, semblent ignorer complètement la situation misérable des ouvriers de nos centres industriels et de toutes les industries.

Au surplus, pour eux, il n'y a rien à faire..... que de laisser faire.

Ils votent les budgets et s'en retournent tranquillement chez eux, très fiers quand les imbéciles les saluent au passage du nom pompeux, mais vide, de monsieur le représentant !

Février

Le Congrès libéral. — Le tirage au sort. — A Marcinelle. — La situation. — Les candidatures ouvrières. — Affaire Degand, De Lannoy et Dandelin. — Au Borinage. — La manifestation du 13 juin. — Le mouvement ouvrier. — La Chambre. — Avertissement.

Le parti libéral est dans le pétrin, chacun sait ça. Ce bon parti a occupé le pouvoir pendant six ans, de 1878 à 1884, et, à part quelques réformes, mal faites, dans le domaine de l'enseignement, il n'a eu aucune initiative généreuse ni juste.

Bien plus, ceux qui, dans le libéralisme parlementaire, essayaient de marcher de l'avant, d'entraîner les vieux récalcitrants du doctrinarisme, ce qui aurait donné de la vie à ce parti qui se meurt, ceux-là ont été maltraités par les partis ministériels et les valets de plume qu'ils ont à leur solde.

Aujourd'hui, rejetés par terre en un jour où les électeurs censitaires se sont montrés écœurés, nos bons libéraux essayent de reconstituer leurs forces. Pour les uns, la réunion d'un Congrès libéral peut sauver la situation. Pour les autres, ce Congrès ne peut aboutir qu'à envenimer les querelles existantes.

Le parti libéral a tenu son premier et dernier Congrès en 1846. Il y a quarante ans de cela. Le programme adopté alors, programme très anodin, comme tout ce qui sort d'ailleurs des conciliabules de ces sortes de gens, n'est même pas réalisé. Aujourd'hui, pour attraper les nigauds du censitarisme, on pense qu'un nouveau Congrès ne ferait pas de mal.

Mais ce fameux Congrès n'aura pas lieu. Les ouvriers, eux, en organisent tous les ans au moins un. Il n'y a que les libéraux qui ont peur de discuter publiquement les questions à l'ordre du jour. C'est pitoyable.

Au surplus, qu'il y ait ou qu'il n'y ait pas de Congrès, cela nous est bien égal et à vous aussi, n'est-ce pas?

*
* *

Nous voici revenus à l'époque du tirage au sort.

C'est toujours le même spectacle, triste et révoltant, qui se renouvelle chaque année. Les pauvres jeunes gens s'en vont tirer au sort, le cœur gros. Leur vieille mère attend à la maison l'arrêt du hasard. On pleure souvent, ces jours-là, dans les masures ouvrières.

Pour le jeune homme riche, ce jour-là est un jour

comme un autre. S'il daigne se déranger pour aller à la maison communale, le résultat l'inquiète fort peu. Que le numéro qu'il sortira de la roue soit bon ou mauvais, peu lui importe. Son père est là et, avec quelques billets de cent francs, il sera débarrassé de la corvée militaire.

* * *

A Marcinelle, près de Charleroi, le tirage au sort a été marqué par des scènes qui ont fait quelque bruit.

Des troubles ont été provoqués par l'intervention de la gendarmerie, qui a voulu protéger (!) les conscrits contre les manifestations de la foule attendant à la porte de la maison communale de Marcinelle.

Quand un conscrit sort, les amis et les parents l'entourent, et il y a des bousculades. Afin de les éviter, la gendarmerie avait décidé, la veille, que les conscrits sortiraient par groupes de dix.

La foule protesta, les gendarmes essayèrent de faire circuler, on jeta des pierres et finalement un jeune homme fut arrêté.

Quand les deux gendarmes qui avaient procédé à son arrestation sortirent, la foule les fit prisonniers. Le maréchal des logis voulut délivrer ses hommes;

il s'efforça, avec les deux gendarmes restés libres, de s'approcher des deux captifs. Les trois pandores mirent baïonnette au canon et parvinrent à enlever les deux prisonniers.

Seulement, ils avaient blessé plusieurs personnes, entre autres un mineur, le citoyen Laurent, que l'on crut mort. Il n'a pas succombé, cependant, mais son état était fort grave.

*
* *

La situation est très tendue. La crise industrielle et commerciale sévit dans toute sa force. Le nombre des malheureux qui sollicitent du travail, mais en vain, est de plus en plus considérable.

Les pouvoirs publics ne s'en émeuvent pas.

Nous écrivons, le 13 février :

« Le monde se tord dans une crise sans fin. Les misères deviennent chaque jour plus vives, plus grandes. Et dans les Chambres, les représentants de la nation perdent un temps précieux à politiquailler, à intriguer pour savoir qui sera ministre demain. Devenir député ou ministre n'est pour les trois quarts de ces individus qu'une question de vanité. Une fois élus, il est rare qu'ils assistent aux séances du Parlement, et quand ils y viennent, c'est pour voter ! Dans les sections, là où doit se faire le travail préparatoire, il n'y a souvent personne. C'est de cette façon que ces gens s'occupent des intérêts du pays ! »

Et, pendant ce temps, le pays est malade !

* * *

La question des candidatures ouvrières revient de nouveau sur le tapis, à propos de l'élection qui doit avoir lieu au mois de mai prochain.

En 1884, lors des élections communales où les candidats ouvriers se sont retirés pour ne pas compromettre le succès des libéraux qui défendaient les écoles, M. Paul Janson avait pris l'engagement de faire reviser le règlement de l'Association libérale de Bruxelles. Cette révision devait permettre à l'Association de présenter au corps électoral des candidats choisis par les ouvriers, sans que ces candidats fussent obligés de passer par son poll.

Le 12 février, l'Association libérale s'est réunie à l'effet de reviser ses statuts, et aucune modification n'a été présentée dans ce sens.

M. Janson s'est contenté de dire :

« J'ai lu dernièrement que les ouvriers avaient l'intention de présenter aux élections des candidats séparés et qu'en cas de ballottage ils s'abstiendraient plutôt que de se rallier à nous ; ils ont été mal conseillés. Je me plais à croire qu'après avoir réfléchi, ils comprendront que l'Association défend les idées démocratiques et qu'ils ne doivent pas, en présence de l'ennemi, déserter son drapeau! »

De la revision des statuts permettant une entente avec les ouvriers, pas un mot.

Qu'on dise encore, parce qu'ils parlent beaucoup, que les avocats sont des hommes de parole!

Dès le 15 février, on parle beaucoup d'une affaire mystérieuse dans laquelle plusieurs individus de la *haute* seraient compromis.

Un sieur Degand, avocat, un des coryphées du parti doctrinaire, a été interrogé par le juge d'instruction. Ce Degand était officier de la garde civique. C'est une méchante langue et un fielleux personnage.

L'avocat Degand était inscrit au tableau de l'ordre des avocats depuis le 3 mai 1865. Il était sorti de l'Université de Bruxelles en avril 1862.

En janvier dernier, il avait été investi, par le tribunal de 1re instance de Bruxelles, des fonctions de conseil judiciaire, ce qui peut s'appeler un comble!

Il a été pendant longtemps curateur de faillites!

Voici l'histoire pour laquelle ce haut personnage a été arrêté :

Au commencement de février, Degand proposa à son confrère De Broux de se charger d'une affaire dont, pour des raisons personnelles, il ne désirait plus s'occuper. Après quelques pourparlers, M. De Broux consentit à prendre l'affaire en main et, peu de jours après, il reçut une lettre signée « Esther Defize », par laquelle la signataire confiait à M. De Broux la défense de ses intérêts.

La lettre était datée de Bruxelles, mais ne portait pas l'adresse de Mlle Esther Defize. M. De Broux en fit l'observation à Degand et lui dit qu'il ne consentirait à s'occuper des intérêts de cette dame qu'à condition d'être mis en rapport avec elle, ne voulant pas, disait-il, représenter, devant la justice, une personne qu'il ne connaissait pas.

Me Degand, répondit que cela était impossible, que Mlle Defize vivait sous un autre nom, à Bruxelles, qu'elle était en relation avec des personnages les plus hauts placés et ne voulait pas compromettre ces derniers en se faisant connaître.

En ce cas, fit Me De Broux, je décline l'offre que vous m'avez faite. Et, naturellement, les choses en restèrent là.

De Gand rencontrant Me De Broux au Palais de justice lui dit : « Vous êtes plus heureux que moi, vous n'êtes point tombé dans les pièges de cette intrigante. »

L'affaire en était là quand le 13 on plaida en référé, devant le tribunal de 1re instance de Bruxelles, un procès de succession.

Lors de l'ouverture de la succession d'un millionnaire, M. Arrasse, ingénieur, mort à Bruxelles, place de l'Industrie, 30, le 10 août 1884, une opposition émanant d'Esther Defize avait frappé pour 76,000 francs de titres. Certains de ces titres avaient été négociés chez un changeur de Paris, par l'intermédiaire du changeur O. Crabbe, de Bruxelles, qui les tenait de Degand.

Celui-ci, interpellé par le juge d'instruction, se retrancha derrière le secret professionnel, mais, sur l'intervention du bâtonnier de l'ordre, il déclara que ces titres venaient de Mlle Defize, légataire de M. Arrasse —qui était célibataire,— que cette personne voyageait beaucoup, d'Angleterre en France, d'Allemagne en Belgique, qu'elle avait résidé à Anvers, et enfin qu'elle avait un domicile à Paris, rue Saint-Lazare, 22.

Les informations prises à Anvers dirent que l'on ne connaissait pas cette personne. De Paris on répondit qu'un appartement avait bien été loué au nom d'Esther Defize, par un monsieur, mais qu'elle n'y était jamais venue.

Me De Mot, qui plaidait au nom des héritiers de M. Arrasse, demanda la main-levée de l'opposition, cette demoiselle Defize étant morte en 1874 : un acte de l'état civil le prouve.

Le juge rendit un jugement annulant l'opposition et une instruction fut ouverte.

On a appris en outre qu'en janvier 1879, — elle était morte depuis cinq ans,— Esther Defize passa une procuration devant le notaire Verhaegen, instituant Degand son mandataire !

Elle se prétendait légataire universelle d'une dame Joséphine Alba, 12, rue des Plantes, en vertu d'un testament olographe daté de 1876, et produisait même un des doubles de ce testament. L'autre double a été trouvé dans un des meubles du domicile de la défunte. Il est aujourd'hui établi que Joséphine Alba ne savait ni lire ni écrire !

Ces deux affaires de succession greffées l'une sur l'autre et auxquelles la même Defize était mêlée, firent naître des doutes dans l'esprit du parquet de Bruxelles.

Le parquet croit avoir la certitude que Degand a en réalité, eu, dans le temps, la clientèle d'une Esther Defize ; il sait quelle est la personne qui, après le décès de celle-ci, a usurpé son nom, et a comparu chez Me Verhaegen, notaire, pour donner une procuration à Me Degand.

Bref, une histoire embrouillée qui démontre que le sieur Degand aurait commis des actes contraires à la loi pour se procurer frauduleusement de l'argent.

D'autres personnes ont encore été mêlées à ces

poursuites, le greffier du juge de paix de Saint-Josse-ten-Noode, un sieur Delannoy et la maîtresse de celui-ci, Mlle Dandelin.

Cette affaire, sur laquelle nous reviendrons plus tard, quand les poursuites commenceront, montre les vices de nos classes dirigeantes, de ceux qui traitent les travailleurs en inférieurs et en esclaves.

*
* *

Les ouvriers du Borinage font beaucoup parler d'eux. Les meetings se succèdent là-bas.

On a fait imprimer des milliers d'exemplaires de la résolution suivante à laquelles les ouvriers gantois ont répondu dans des termes très sympathiques :

« Les ouvriers du Borinage à leurs frères de Gand et des Flandres.

Ce dimanche, 14 février 1886, réunis en un meeting à Pâturages, sur la proposition des citoyens De Fuisseaux et Fauviau, nous avons résolu de vous envoyer cette adresse destinée à proclamer, en les resserrant encore, les liens sacrés qui unissent entre eux les travailleurs, liens que vous avez hautement affirmés en nous envoyant du pain quand nous avions faim !

» Frères, nous sommes esclaves ! On nous refuse

tous les droits que notre travail et nos souffrances devraient nous assurer.

» On nous refuse même le droit à l'existence en réduisant chaque jour un salaire déjà insuffisant !

» Invoquant une Constitution qui consacre les plus monstrueux abus en les dissimulant sous les plus vils mensonges, une classe de privilégiés se partage cyniquement les dépouilles de notre malheureux pays.

» A eux, les places, les sinécures, les scandaleux appointements !

» A nous, les souffrances, la misère et la faim !

» A eux, les jouissances que donnent l'or et les richesses !

» A nous, les impôts qui procurent cet or, le travail qui crée ces richesses !

» Ne conservant aucune honte, ils prennent nos fils pour défendre leurs trésors, nos filles pour entretenir leurs débauches, nos vies, pour faire fructifier leurs capitaux !

» Mais si ces privilégiés ont pour eux les honneurs, les richesses, les jouissances, ils ont aussi le vice, tandis que nous, nous avons la vertu.

» Oui, le vice les ronge ! du plus haut jusqu'au plus bas, tous en sont infectés.

» C'est ce qui assurera notre victoire !

» Debout ! frères de Gand et des Flandres !

» Arrachons à l'ennemi l'arme qui le rend tout-puissant ! Arrachons-lui le droit de vote et mettons-le aux mains des travailleurs.

» Nous savons que pour défendre la liberté, nous vous trouverons fiers et résolus, comme vous trouvait Van Artevelde quand il conquérait avec vous les franchises communales !

» Comptez sur nous.

» Prenons un rendez-vous sacré ! Que le jour de la Pentecôte nous trouve tous à Bruxelles pour demander à nos gouvernants notre affranchissement par le Suffrage universel !

» Plus d'esclavage !

» Que ce soit notre cri de ralliement !

» Marchons la main dans la main ; la victoire est à nous !

» Vive le Suffrage universel ! »

* * *

C'est au Congrès du Parti ouvrier, tenu le 15 août 1885, à Anvers, que l'organisation de la manifestation du 13 juin, en faveur du suffrage universel, a été décidée.

Quatre mois avant le 13 juin cette manifestation faisait déjà peur aux bourgeois, tant ils sont convaincus de leur faiblesse le jour où le peuple ouvrira les yeux.

Un grand mécontentement régnait, dès février, dans les centres industriels. Les patrons imposaient chaque semaine de nouvelles diminutions de salaires. Tout faisait prévoir un avenir peu réjouissant.

Et pendant ce temps, les gouvernants font la sourde oreille.

*
* *

Le mouvement, secondé admirablement par la misère des travailleurs, marche à merveille. Les meetings et les conférences ne se comptent plus.

*
* *

A la Chambre, on continue bénévolement la discussion des budgets. Celui de la guerre est voté avec quelques modifications qui permettent au roi de rappeler sous les armes deux classes de milice de plus que ne le permettait l'ancienne loi sur le recrutement.

*
* *

Toutes ces injustices et cette indifférence coupable des gouvernants devait fatalement amener des désor dres. Nous écrivons sous le titre : *Avertissements*, l'article suivant dans le *Peuple* du 28 février :

« L'Europe traverse en ce moment une de ces crises qui gardent un nom dans l'histoire. Jamais, depuis un siècle, les nations n'ont été aussi agitées. Partout on entend les mêmes plaintes, les mêmes revendications. Les ouvriers demandent du travail et l'on ne peut leur en fournir. Ils ont faim et froid, et les magasins sont pleins de marchandises, qui restent là, attendant le consommateur qui ne vient pas.

» Déjà les pauvres commencent à se fâcher. Les manifestations et les émeutes sont à l'ordre du jour. Tout cela ne présage rien de bon et l'on peut se demander comment cela finira.

» La reprise des affaires pourrait, dans une certaine mesure, reculer le mal, mais après ?

» Ce qu'il faut, c'est s'occuper de la question sociale dont le monde est plein. Si ceux qui président aux destinées des nations ne s'en préoccupent point, ils seront responsables des catastrophes prochaines.

» Cependant, les avertissements ne leur auront pas manqué. Depuis de longues années, ceux qui, en Belgique, ont étudié la question ouvrière, n'ont pas ménagé leurs conseils, n'ont pas caché leurs pressentiments.

» Hier, en feuilletant un vieil ouvrage de Ducpétiaux, datant de près de quarante ans, nous y avons retrouvé ce passage qu'il est bon de rappeler aujourd'hui :

« . . Il est impossible, dit-il, de méconnaître les signes précurseurs d'une révolution nouvelle, non plus politique mais sociale; révolution du travail contre le capital... Que la Belgique veille et observe ; qu'elle interroge avec une active sollicitude les douleurs de ses enfants et qu'elle se hâte d'améliorer leur sort !... .

« Prêtons l'oreille à ce long cri de souffrance qui s'élève du sein des classes laborieuses; c'est notre devoir et aussi notre intérêt. Le prolétaire qui courbe encore aujourd'hui la tête sous le joug séculaire qui pèse sur lui, peut se réveiller demain de son long sommeil, comme un ressort comprimé se détend. L'oppression sous laquelle il gémit ajoutera à ses forces. Si nous n'allons pas au devant de lui, tendant une main bienveillante, craignons qu'il ne vienne au devant de nous et nous fasse expier notre long endurcissement. Telle est l'alternative qui nous est offerte : *faire justice ou la recevoir;* relever le prolétaire ou nous exposer à tomber sous ses coups ; préserver nos droits et nos intérêts, en reconnaissant solennellement ceux des classes ouvrières, ou courir volontairement la chance d'un commun naufrage ! »

» Celui qui a écrit ces lignes était catholique

et conservateur. Malheureusement, ses paroles sont restées sans écho et n'ont changé en rien la quiétude de nos maîtres cléricaux ou doctrinaires.

» Il y a quelque temps, un écrivain du parti libéral, M. Emile De Laveleye, disait à son tour :

« Le régime actuel n'est pas juste; si les classes aisées en étaient très convaincues, les réformes préviendraient les révolutions... »

» Quelles sont les réformes faites depuis lors? Il n'en est pas une seule!

» M. le professeur Laurent, un autre libéral, dans un livre récent, dit ce qui suit : « A moins que les classes dirigeantes ne prennent en mains la cause des prolétaires, le mouvement anarchique aura le dessus; il fera le tour du monde, et le XIXe siècle finira par une catastrophe. »

» Est-ce que les récents événements de Londres, de Madrid et d'ailleurs, produiront plus d'effet que les conseils des écrivains que nous venons de citer?

» Nous le souhaitons, sans y croire.

» Si une catastrophe arrive cependant, à qui devront s'en prendre nos dirigeants, si ce n'est à eux-mêmes, pour n'avoir rien su prévoir?

» Les avertissements n'auront pas manqué, pourtant! »

Pensez-vous que cet avertissement a servi à quelque chose! Allons donc! pas plus que les précédents!

Mars

Le *Cathéchisme du Peuple.* — Encore la manifestation du 13 juin. — Plusieurs journaux en demandent l'interdiction. — La circulaire Buls. — Les troubles de Renaix. — Affaire de Dodémont. — Au Borinage. — Manifeste du Parti ouvrier. — Le 18 mars à Liège. — Emeutes. — Bruxelles en état de siège. — Troubles à Charleroi. — L'émeute grandit. — Au Borinage. — Dans le Centre. — Peur bourgeoise. — Nouveau manifeste du Parti ouvrier.

Au commencement du mois de mars, le citoyen Alfred Defuisseaux, frère de l'ancien député de Mons, publiait le *Catéchisme du Peuple.* Cette brochure avait pour but de convertir les ouvriers belges au suffrage universel. Pour réussir, l'auteur mit sous les yeux du lecteur toutes les injustices dont le peuple travailleur est victime, toutes les monstruosités qui sont le résultat du régime inique du cens électoral.

Cet écrit, que l'auteur fit d'abord tirer à 10,000 exemplaires, a eu un succès sans précédent en Belgique. Plus de 200,000 exemplaires en ont été imprimés, sans compter les 60,000 exemplaires d'une traduction flamande, éditée à Gand.

La forme de l'écrit, c'est-à-dire les demandes et les réponses, a été pour beaucoup dans ce succès. Alfred Defuisseaux a trouvé la façon de parler au peuple et de lui faire comprendre les vérités qu'il ignore et qui cependant sautent aux yeux.

On peut le dire, cette petite brochure a fait un bien immense aux idées de justice et de démocratie. Toutes les turpitudes des puissants y sont étalées au grand jour et, après chaque injustice dénoncée, l'auteur invitait les ouvriers à venir le 13 juin, à Bruxelles, réclamer le suffrage universel qui devait changer cet état de choses.

Toutes ces vérités n'étaient cependant pas nouvelles. Il y a longtemps qu'elles avaient fait l'objet d'écrits, de discours et d'articles de journaux. Ce qui avait manqué jusqu'ici, c'est la forme simple et claire, compréhensible pour les plus ignorants. Defuisseaux a trouvé cela; c'est ce qui a fait le succès de sa brochure.

La presse bourgeoise et réactionnaire a senti tout de suite à quel adversaire elle avait à faire. Ainsi, malgré sa tactique de faire le silence sur tout ce qui la gêne, elle ne put s'empêcher de parler de ce fameux *Catéchisme du Peuple*, afin de le dénoncer à la vindicte publique!

L'auteur lui-même ne fut pas ménagé. On releva contre lui des condamnations anciennes, ce qui permit à Alfred Defuisseaux de se réhabiliter et de répondre victorieusement à ce qu'il appelait, avec raison, la vengeance de la magistrature.

La brochure : *Mes Procès*, qu'il publia à cet effet, ne peut laisser aucun doute dans l'esprit de ceux qui connaissent l'auteur du *Catéchisme du Peuple*.

Mais plus il était attaqué, plus il grandissait dans l'estime des travailleurs, et plus aussi grandissait le succès de son opuscule.

Le parquet qui agit toujours bêtement en pareilles matières, poursuivit l'auteur du *Catéchisme du Peuple*, après en avoir fait saisir les exemplaires.

Nous reviendrons plus tard sur ces poursuites. Occupons-nous de l'écrit incriminé qui n'a rien d'anarchique.

Le lecteur va en juger par les passages suivants que l'acte d'accusation a surtout relevés :

CHAPITRE I. — Première Leçon.

De la Condition du Peuple et de son Esclavage.

1. Qui es-tu?

R. Je suis un esclave.

2. Tu n'es donc pas un homme?

R. Au point de vue de l'humanité, je suis un homme ; mais par rapport à la société, je suis un esclave.

3. Qu'est-ce qu'un esclave ?

R. C'est un être auquel on ne reconnait qu'un seul devoir, celui de travailler et de souffrir pour les autres.

4. L'esclave a-t-il des droits?

R. Non.

5. Quelle différence y a-t-il au point de vue physique entre l'esclave et l'homme libre?

R. Il n'y a aucune différence; l'esclave aussi bien que l'homme libre doit boire, manger, dormir, se vêtir. Il a les mêmes passions, les mêmes nécessités animales, les mêmes maladies, la même origine, la même fin.

6. Qu'est-ce qu'un homme libre?

R. C'est celui qui vit sous un régime de lois qu'il s'est volontairement données.

7. A quoi reconnaissez-vous en Belgique l'homme libre de l'esclave?

R. En Belgique, l'homme libre est riche; l'esclave est pauvre.

8. L'esclave existe-t-il dans tous les pays?

R. Non. La République française, la République Suisse, la République des Etats-Unis et d'autres encore ne sont composées que d'hommes libres. Tous les citoyens font les lois et tous s'y soumettent.

9. Que faut-il donc pour faire d'un esclave un homme libre ?

R. Il faut lui donner le droit de vote, c'est-à-dire établir le suffrage universel.

10. Qu'est-ce que le suffrage universel ?

R. C'est le droit pour tout citoyen mâle et majeur de désigner son député en lui donnant mission de faire des lois pour les travailleurs.

11. Par qui se font maintenant les lois en Belgique ?

R. Les lois se font maintenant en Belgique par les riches et contre les pauvres.

12. Ne pouvez-vous rendre autrement votre pensée?

R. Oui. On peut dire qu'en Belgique les lois sont faites par ceux qui ne font rien, et contre ceux qui travaillent.

13. Sur quoi repose notre système gouvernemental?

R. Sur l'argent.

14. Citez des exemples ?

R. On ne peut être sénateur que si l'on paye au moins 1,600 francs d'impôt à l'État ;

On ne peut être député que si l'on paie les dîners, les voitures, les cigares de l'électeur.

— On ne peut être électeur que si l'on paye fr. 42.32 d'impôt.

— On doit être soldat si l'on n'a pas 1,600 francs pour payer un remplaçant.

15. La probité, le travail, l'intelligence ne comptent donc pour rien?

R. Ils ne comptent pour rien aussi longtemps qu'on est pauvre. Au contraire, on peut se passer facilement de probité, de travail, d'intelligence si l'on a de l'argent.

16. Citez des exemples.

R. Je ne saurais, car ils sont trop nombreux et je ne voudrais pas faire de jaloux. Il me faudrait faire la nomenclature de tous les financiers véreux, de tous les notaires en fuite, de tous les administrateurs malhonnêtes, de tous les manieurs d'argent qui ne cherchent le *pouvoir* que pour tripoter plus à leur aise.

17. Quel est le moyen de changer cet état de choses honteux?

R. C'est de donner au peuple le droit de suffrage. — Le peuple qui est honnête parce qu'il travaille, nommera des honnêtes gens qui font des lois honnêtes.

CHAPITRE II. — 2e Leçon

De la Constitution

1. Que dit l'article 25 de la Constitution?

R. L'article 25 de la Constitution dit : « Que tous les pouvoirs émanent de la nation. »

2. Est-ce vrai ?

R. C'est un mensonge.

3. Pourquoi ?

R. Parce que la nation se compose de 5,720,807 habitants, soit 6 millions, et que sur ces 6 millions 117,000 seulement sont consultés pour faire les lois.

4. Comment se fait-il que ces 6 millions de Belges soient gouvernés par 117,000 ?

R. Pour être électeur il faut payer fr. 42.32 d'impôt. — En Belgique, 117,000 citoyens seulement payent cet impôt, et sur ces 117,000 électeurs, 80,000 seulement prennent part au vote.

5. Ces 80,000 privilégiés sont-ils tous des gens instruits ?

R. Non. 10,000 au moins ne savent ni lire ni écrire.

6. Comment se décompose le reste des électeurs ?

R. Il y a 23,000 locataires qui obéissent aux propriétaires ; 5,000 fonctionnaires qui obéissent au gouvernement ; 2,000 curés qui obéissent aux évêques ; 10,000 fournisseurs qui obéissent à leurs clients. De sorte qu'en y comprenant les 10,000 illettrés qui sont généralement de faux électeurs, nous trouvons que nous n'avons en Belgique que 30,000 électeurs dont 4,117 chefs d'usines, 5,000 entrepreneurs, 15,000 rentiers et 6,000 avocats, avoués, notaires, etc., dont 1,300 professeurs et instituteurs.

7. Par combien de privilégiés est donc gouvernée la Belgique ?

R. Par 30,000 privilégiés.

8. A quelle date a été promulguée la Constitution?

R. Il y a 55 ans, le 25 février 1831.

9. Cette vieille Constitution est-elle encore bonne aujourd'hui ?

R. Elle ne vaut pas mieux qu'un vieux chapeau qui daterait de 1831. Si je me couvrais d'un pareil chapeau qui a pu être très beau à son époque, je serais tellement ridicule qu'on me croirait en carnaval.

10. Pourquoi donc la Belgique conserve-t-elle cette Constitution si décrépite?

R. Parce qu'elle fait l'affaire de nos gouvernants. — Si elle était modifiée, plus un seul d'entre eux ne resterait au pouvoir.

11. Qu'entendez-vous par ces mots : un homme au pouvoir?

R. J'entends par *homme au pouvoir*, celui qui a trouvé le moyen de vivre aux dépens du Trésor de l'État lui, les siens, ses parents, ses alliés, ses connaissances, et cela en ne faisant rien ou presque rien.

12. Citez-moi quelques hommes au pouvoir?

R. Je vous citerai les Frère qui ont donné naissance aux Orban d'où sont issus les Frère-Orban; les Malou, les Jacobs, les Bara, les Brasseur, les Tesch, les Pirmez...

13. Que dit l'article 6 de la Constitution ?

R. Que tous les Belges sont égaux devant la loi.

14. Est-ce vrai ?

R. C'est un odieux mensonge.

15. Citez des exemples,

R. Ils seraient trop longs à énumérer. Il me suffira de dire que chaque jour nous voyons des messieurs qui appartiennent de près ou de loin au pouvoir, voler des millions et n'être pas poursuivis, ou, s'ils le sont, être acquittés ou condamnés à des amendes dérisoires, tandis que nous voyons des pauvres diables qui n'ont pris qu'un seul pain dont leurs enfants avaient besoin, être condamnés aux travaux forcés.

16. En matière d'impôt cependant les citoyens sont-ils égaux ?

R. Non, et je ne cite qu'un seul exemple, celui de Léopold II qui, imposé par la commune de Laeken pour la cote mobilière de son palais de Laeken, a fait annuler par son ministre cette délibération et ne paye rien.

CHAPITRE III. — 3e Leçon

Libéral et Catholique

1. Qu'est-ce qu'un libéral ?

R. Un libéral est un homme qui cherche à faire ses affaires au détriment du Trésor de l'État.

2. Qu'est-ce qu'un catholique ?

R. Un catholique est un homme qui cherche à faire ses affaires au détriment du Trésor de l'Etat.

3. Qu'est-ce qu'un indépendant ?

R. C'est un homme qui, n'ayant pu se dire ni libéral, ni catholique, parce que toutes les étiquettes de la boutique étaient prises, cherche sous ce nom nouveau à faire ses affaires au détriment du Trésor de l'État.

4. Que sont-ils tous en réalité ?

R. Des conservateurs.

5. N'y a-t-il pas cependant entre eux une question de religion ?

R. Tous se moquent de la religion comme d'une noix vide. — Je connais des libéraux qui portent des cierges derrière les processions, comme je connais des catholiques qui ne vont jamais à la messe.

6. Pourquoi a-t-on inventé ces deux partis ?

R. Pour qu'ils puissent mutuellement s'endosser la dilapidation des richesses de l'Etat sans qu'on puisse jamais mettre la main sur le coupable.

7. Comment se partagent-ils le pouvoir ?

R. Généneralement ils occupent le pouvoir chacun huit ans.

8 Quel est le premier cri d'un ministre catholique qui arrive au pouvoir?

R. Son premier cri est : les caisses sont vides, les libéraux ont tout pris.

9. Quel est le premier cri d'un ministre libéral qui arrive au pouvoir?

R. Son premier cri est : les caisses sont vides, les catholiques ont tout pris.

10. Que font-ils alors ?

R. Tous créent de nouveaux impôts afin de remplir les caisses et de permettre de les vider ensuite.

11. Depuis combien de temps dure ce jeu ?

R. Depuis 55 ans.

12. N'est-il pas près de finir ?

R. Il sera fini le jour où nous aurons le suffrage universel.

13. Quand l'aurons-nous le suffrage universel?

R. Le jour où le peuple le voudra.

14. Le voudra-t-il bientôt?

R. Oui, le 13 juin 1886, jour de la Pentecôte, de tous les coins de la Belgique, le peuple viendra le chercher à Bruxelles.

15. Et si le gouvernement le refuse ?

R. Il n'osera pas. Que peut le gouvernement sans le peuple, puisque le peuple est en même temps l'armée et le travail.

Tels sont les principaux passages de la brochure que l'acte d'accusation cite comme délictueux.

La quatrième leçon traite de l'impôt ; la cinquième de la conscription militaire ; la sixième des salaires, et la septième et dernière est un résumé des précédentes. En voici la conclusion :

5. Que dois-tu faire ?

R. Abolir l'esclavage dans lequel nous vivons.

6. Comment dois-tu y arriver ?

R. Par le suffrage universel.

7. Comment l'obtiendras-tu ?

R. En allant tous, de tous les coins de la Belgique, le demander à Bruxelles.

8. Peut-on t'empêcher d'aller à Bruxelles manifester ?

R. Non. J'use de mon droit comme les soi-disant libéraux et catholiques en ont usé en septembre 1884.

9. Il te faut de l'argent pour aller à Bruxelles.

R. J'irai à pied.

10. Triompheras-tu ?

R. Oui, car mon cri de ralliement sera : Vive le peuple ! Vive le suffrage universel !

11. Marchons alors !

R. Oui marchons ! en avant ! et vive le peuple, vive le suffrage universel !

12. A quand le rendez-vous ?

R. Le jour de la Pentecôte tous les Borains seront à Bruxelles ; ils y arriveront à pied et y trouveront 25,000 Gantois, 20,000 Liégeois et Verviétois, 20,000 ouvriers du Centre et de Charleroi. Tous les ouvriers y seront réunis, le peuple entier y sera et le gouvernement nous donnera le suffrage universel aux cris de : Vive le peuple ! Vive la liberté !

On le voit, il n'y a, dans cette brochure, que des idées qui mille fois déjà ont été défendues. Lors de la dernière comparution de l'auteur devant la Cour d'assises, l'avocat général l'a reconnu lui-même.

Ce que l'on a poursuivi en réalité, c'est le succès du *Catéchisme*, et ce succès a été exploité par un tas d'écrivains conservateurs qui, sous le titre de *Vrai Catéchisme du Peuple* ou d'autres titres semblables, ont essayé de défendre ce qu'ils appellent *la bonne cause.*

Nous avons donc eu le *Bon Catéchisme du Peuple*, le *Nouveau Catéchisme du Peuple* et un grand nombre d'autres encore, en wallon et en français. Mais aucune de ces brochures n'a pu nuire à la propagande faite par Alfred Defuisseaux ; de plus, dans un grand nombre de nos communes, les vendeurs de ces brochures catholiques et doctrinaires ont dû fuir devant l'indignation des ouvriers!

Quelques semaines plus tard, Léon Defuisseaux fit à son tour un catéchisme qui, dans la pensée de son auteur, avait pour objet de montrer au public la dissidence qui existe entre socialistes et anarchistes.

Cette démonstration a été d'autant plus convaincante que l'accord des bourgeois conservateurs et les anarchistes, pour combattre le suffrage universel, a été parfaitement prouvé.

Et voilà ce que l'on poursuit, contrairement aux libertés constitutionnelles qui permettent à tous les citoyens de défendre leurs idées!

*
* *

Mais ce fut la peur de la manifestation ouvrière du 13 juin qui faisait perdre la tête aux dirigeants. Dès le mois de mars, plusieurs journaux demandaient à nouveau que cette démonstration populaire fût interdite. L'*Impartial de Gand* fort parmi les plus fervents.

On n'a pas d'exemple d'une venette semblable.

Et il n'y avait pas que les journaux cléricaux qui réclamaient à cor et à cri l'interdiction de la manifestation du 13 juin; plusieurs journaux libéraux furent du même avis.

Et M. Buls lui-même, le bourgmestre de Bruxelles, le même qui, seize ans auparavant, écrivait qu'il était temps de préparer largement les voies au suffrage universel, M. Buls lui-même n'était pas rassuré, à preuve la circulaire suivante qu'il envoya à tous les bourgmestres du pays :

« Plusieurs journaux ont annoncé que l'on se propose d'organiser à Bruxelles, le 13 juin prochain, jour de la Pentecôte, une grande manifestation ouvrière socialiste, en faveur du suffrage universel.

» Un des organes de la presse a ajouté que cette manifestation serait la suprême tentative pacifique que les classes déshéritées tenteraient en Belgique, en assurant, toutefois, qu'aucun désordre n'était à craindre.

» Un grand nombre de sociétés paraissant avoir déjà répondu à l'appel des organisateurs de la démonstration projetée, et afin de me permettre de prendre les dispositions nécessaires pour assurer la sécurité publique, j'ai l'honneur de vous prier de vouloir bien me renseigner, au fur et à mesure que la chose vous sera possible, sur le nombre de manifestants de votre commune se proposant de venir dans la capitale à cette occasion.

» Il serait aussi utile que je sois tenu au courant de tout ce qui, d'après vous, serait de nature à devoir fixer spécialement mon attention en vue du maintien de l'ordre au jour indiqué.

» Veuillez agréer, monsieur le bourgmestre, avec mes remerciements, etc.

Le Bourgmestre,
(Signé) BULS.

C'est un peu fort, n'est-ce pas?

*
* *

Le 4 mars, des troubles graves ont eu lieu à Renaix. Voici à quel sujet :

Il y a une quinzaine d'années, un M. Grawitz, ingénieur polonais, avait pris un brevet d'invention pour un procédé de teinture en noir inaltérable, à base d'aniline, procédé qu'il exploitait déjà en France.

En 1878, il prit, en Belgique, un brevet de perfectionnement. A Renaix, il s'était entendu avec un fabricant qui jouissait du monopole de l'invention.

Il y a trois ans et demi environ, M. Grawitz fut prévenu que des teinturiers de la ville profitaient de de son procédé sans payer aucun droit. Il dit à M. Hantson — de vive voix, paraît-il, de ne pas s'occuper de la chose.

Celui-ci jugea que puisque ses confrères de la ville

pouvaient employer le procédé Grawitz sans avoir rien à débourser, le brevet était tombé dans le domaine public et que lui, non plus, n'avait de redevance à acquitter envers M. Grawitz.

M. Grawitz intenta une action à M. Hantson, la perdit en première instance et la gagna en Cour d'appel.

Alors, M. Grawitz eut l'idée de se faire payer les droits que lui devaient les fabricants qui se servaient de son procédé. Et, par une ordonnance rendue en référé, il obtint l'autorisation de visiter, accompagné d'experts chimistes, MM. Schwarts et Nélissen, un certain nombre de teintureries de Renaix. Ces perquisitions commencèrent il y a quinze jours. M. Grawitz fit annoncer à un certain nombre de teinturiers qu'il leur réclamait un tantième dû sur leur fabrication opérée à l'aide de son procédé. Aux uns, il demandait 100,000 francs, aux autres 60,000 francs.

En tout, ses revendications atteignirent plus de 700,000 francs.

M. Grawitz arriva à Renaix le 4 mars, avec son avocat.

Les fabricants de cette petite ville industrielle ayant appris la chose, congédièrent leurs ouvriers un peu avant midi. On raconte qu'ils engagèrent ceux-ci à faire le sac de l'hôtel où le Polonais était descendu et de lyncher M. Grawitz.

Les ouvriers attaquèrent l'hôtel. La gendarmerie arriva bientôt sur les lieux, mais fut impuissante à maintenir l'ordre.

Une compagnie de lanciers, commandée par un capitaine, arriva aussitôt et essaya de charger la foule; mais, pas plus que les gendarmes, les soldats ne purent maintenir les mutins. Les lanciers furent criblés de pierres et durent se retirer.

Les patrons se trouvaient parmi les révoltés et les excitaient en leur payant à boire. Le bourgmestre arriva à son tour et essaya de haranguer la foule en lui montrant un papier qui, disait-il, contenait une déclaration de l'ingénieur polonais, par laquelle il renonçait à ses revendications. Le bourgmestre annonça ensuite que M. Grawitz était parti, déguisé en gendarme.

La foule resta massée devant l'hôtel, et le soir de nouveaux désordres eurent lieu.

Les blessures reçues par le capitaine des lanciers furent assez graves.

Il n'a fait, le jour même, aucune arrestation. Ce dernier détail semble drôle, mais il ne faut pas oublier que cette émeute était l'œuvre des fabricants et que ceux-ci ont le droit de semer le trouble et le désordre, quand ils peuvent espérer en retirer profit. S'il s'agissait d'ouvriers en grève, vous auriez vu autre chose. Mais voilà, « tout dépend des cas! » Mais ce qui dépasse les bornes du vraisemblable, c'est qu'au moment où l'émeute grondait sous ses fenêtres, M. Grawitz signa une pièce déclarant qu'il abandonnait tous ses droits. Et le bourgmestre de Renaix — un mauvais plaisant — lui demanda à trois ou quatre reprises s'il signait bien librement et après avoir réfléchi ! Nous ne ferons pas le moindre commentaire!!

Plus tard, ce fameux bourgmestre fut poursuivi ainsi que quelques malheureux ouvriers.

*
* *

Le lundi 21 décembre 1885, vers une heure de l'après-midi, des détonations mettaient en émoi les passants qui se trouvaient sur la place Communale d'Ensival, près de Verviers. Un ouvrier congédié de la maison Snoeck, depuis huit jours, le nommé Dodémont, venait de tirer cinq coups de revolver sur son ancien contremaître, Rahier, qu'il supposait n'avoir pas été étranger à son renvoi. — Entouré aussitôt et désarmé, Dodémont n'a pu tirer son dernier coup.

Trois des balles ont porté : deux ont pénétré peu profondément dans la nuque, la troisième a percé la joue et s'est amortie sur l'os maxillaire.

Pansé immédiatement, Rahier a pu regagner son domicile. Les blessures ne paraissent pas graves et, à moins de complications, le blessé sera vite rétabli. Quant à Dodémont, il fut remis entre les mains de la justice.

L'affaire est venue devant le tribunal correctionnel de Verviers, le 12 mars. L'ouvrier Dodémont, jeune homme d'une vingtaine d'années, était défendu par Me Paul Janson. Une foule immense, une cohue de curieux se pressait au Palais de justice. Les ateliers avaient été en partie désertés, la classe ouvrière verviétoise tout entière ayant tenu à manifester sa sympathie pour Dodémont.

Après un interrogatoire succinct du prévenu, plusieurs témoins sont venus apporter sur celui-ci les renseignements les plus favorables. Quant à Rahier, sa déposition a été accueillie par des murmures mal contenus. On a dû le faire sortir par une porte dérobée, pour lui éviter l' « ovation » du public. Il doit savoir qu'on ne l'aime pas, celui-là !

Finalement, l'audience, levée à une heure, a été ajournée à vendredi 19 mars pour les plaidoiries.

Dodémont, après une brillante plaidoirie de Me Paul Janson, a été condamné à 4 mois de prison et 26 francs d'amende. Il fut mis en liberté ayant fait assez de prison préventive.

La foule a fait une ovation à Me Janson quand il est sorti du Palais de justice.

*
* *

La situation des ouvriers du Borinage et de tout le pays houiller en général est très mauvaise. Un correspondant du ministériel *Journal de Bruxelles* lui-même en convient dans une lettre publiée dans ce journal le 15 mars.

« J'ai fait, il y a quelques jours, dit ce correspondant, une excursion dans plusieurs communes du Borinage. On ne se figure pas la misère qui y règne ; c'est une misère horrible.

» Les salaires sont au plus bas taux et les denrées alimentaires augmentent au lieu de diminuer. Je connais un ménage composé de huit personnes où le père, qui est seul pour subvenir aux besoins de la famille, gagne de douze à treize francs,au maximum, par semaine. Notez que, en général, l'ouvrier ne gagne pas davantage, et vous comprendrez combien sont grandes les privations que doivent s'imposer nos malheureux charbonniers. »

*
* *

Le dimanche 15 mars, eut lieu à Bruxelles une

réunion du Conseil général du Parti ouvrier à laquelle assistaient des délégués de province. Il s'agissait de prendre des mesures en vue de la propagande pour la manifestation du 13 juin.

Le même jour, le Conseil général décidait l'impression à 200 mille exemplaires du manifeste suivant :

« AU PEUPLE BELGE !

» Depuis cinquante-cinq ans, la Belgique, si féconde, si riche par ses industries, si grande par son travail, est la proie d'une caste de privilégiés qui l'exploitent sans honte.

» Cent seize mille censitaires nomment tour à tour des sénateurs, des députés catholiques ou libéraux, — tous conservateurs, — qui ne voient dans les six millions de Belges qu'ils gouvernent que six millions d'esclaves chargés de subvenir à leurs folles prodigalités.

» Se gorgeant de richesses, les répandant à pleines mains sur leurs dévoués et leurs complaisants, ils écrasent le peuple d'impôts.

» Le budget de l'État, dont les dépenses étaient en 1850 de 118 millions de francs, en 1870 de 216 millions, en est arrivé, par une marche rapide, à 422 millions en 1882 !

» Le budget des provinces, dont les dépenses

s'élevaient en 1850 à 5 millions, s'est élevé en 1882 à 10 millions.

» Le budget des communes, dont les dépenses s'élevaient en 1865 à 73 millions, s'est élevé en 1880 à 170 millions.

» A l'agriculteur, qui demandait une réduction d'impôt, ils ont répondu en en créant de nouveaux.

» Au petit négociant, qui demandait protection contre les grands capitaux, ils ont répondu en renouvelant le privilège exorbitant de la Banque nationale.

» A l'ouvrier, qui demandait du travail, ils ont répondu par le dédain.

» Au mineur, qui demandait un juste salaire, ils ont répondu par des coups de fusil !

» Issus de la corruption censitaire, les conservateurs catholiques et libéraux n'ont pas hésité à se vendre eux-mêmes.

» Cédant à une haute influence, qui dispense aussi bien des croix de chevaliers que des titres de barons, oubliant les promesses faites à la nation, oubliant qu'ils avaient solennellement juré de réduire les charges militaires, ils viennent de les aggraver en créant une réserve.

» Après cinquante-cinq ans d'une douloureuse épreuve, le peuple, fatigué, entend reprendre aux censitaires le mandat dont ils s'étaient illégitimement investis.

» La Constitution, issue de la révolution de 1830, consacre la souveraineté de la nation ; la nation veut aujourd'hui exercer cette souveraineté par le suffrage universel.

» Ce que le suffrage censitaire n'a pas voulu faire, le suffrage universel le fera.

» Nous n'avons pas aujourd'hui à tracer un programme.

» Le peuple en possession de ses droits par le suffrage universel, indiquera lui-même les réformes à accomplir.

» Forts de la justice et de la sainteté de notre cause, nous n'avons pas besoin, pour établir le suffrage universel, de recourir à la violence, comme l'a fait en 1830 la bourgeoisie pour établir le suffrage censitaire.

» *Debout, citoyens !*

» Que le 13 juin 1886, jour de la Pentecôte, nous trouve tous à Bruxelles acclamant l'ère de liberté nouvelle !

» Reprenons aux censitaires le mandat qu'ils nous ont surpris et qu'ils ont indignement trahi !

» Qu'un même cri d'honneur et de loyauté nous rassemble :

» *Vive le peuple !*

» *Vive le suffrage universel !*

» Le Conseil général du Parti ouvrier. »

* * *

Le 16 mars, le *Peuple* publiait une correspondance de Charleroi dans laquelle on lisait :

« Une grève est sur le point d'éclater dans une verrerie de Jumet, dont le propriétaire se déclare libéral-démocrate (1).

» Ce singulier et trop malin démocrate trouve le moyen de faire des rafles énormes sur le salaire des souffleurs.

» L'une fois il emploie un pouce — qu'on pourrait appeler le pouce élastique — et trouve que le verre n'a que telle dimension au lieu de telle autre, l'autre fois il exige que pour le même prix les verriers soufflent des cylindres (canons) de plus grande dimension que celle convenue. Il arrive à opérer certains mois des réductions de cent ou de cent vingt francs sur le salaire des souffleurs !

» L'Union verrière a réclamé, demandant une réponse écrite à sa lettre. Le maître de verrerie a refusé de répondre par écrit. Il a dit qu'il ferait

(1) M. Baudoux, de Jumet.

afficher sa réponse dans l'établissement. Rien n'a encore été affiché jusqu'ici. Il est probable que si les verriers n'ont pas satisfaction d'ici à deux ou trois jours, ils se mettront en grève. »

*
* *

Nous voici au 18 mars. C'est ce jour-là, on le sait, que les troubles commencèrent à Liége.

Quelques jours auparavant déjà, un groupe d'anarchistes avait décidé de fêter l'anniversaire de la Commune de Paris par un meeting suivi de manifestation. L'appel suivant, imprimé sur des petits carrés de papier, avait eté répandu dans les quartiers ouvriers de Liége et de la banlieue :

APPEL AUX TRAVAILLEURS

COMPAGNONS,

« Partout les ouvriers s'agitent ; la crise, — terrible et lamentable, — au lieu de diminuer; grandit de jour en jour ; partout aussi les idées d'émancipation pénètrent dans la masse exploitée.

» A Londres, à Amsterdam, à New-York, partout enfin, les travailleurs font entendre leur voix aux oreilles de la bourgeoisie égoïste.

» Resterons-nous dans une coupable apathie?

» Continuerons-nous à laisser nos femmes et nos

enfants sans pain, quand les magasins regorgent des richesses que nous avons créées ?

» Laisserons-nous éternellement la classe bourgeoise jouir de tous les droits, de tous les priviléges et refuser toute justice et toute liberté à ceux qui la nourrissent, à la classe des producteurs ?

Nous ne le pensons pas : c'est pourquoi nous faisons appel à toutes les victimes de l'exploitation capitaliste, aux meurt-de-faim, à tous ceux que le chômage a jetés sur le pavé pendant le rigoureux hiver que nous traversons.

» Rappelez-vous, compagnons, que, jeudi 18 mars, il y aura quinze ans que l'héroïque population de Paris se soulevait pour l'émancipation des peuples et que cette tentative de rénovation sociale fut étouffée dans le sang de 35,000 travailleurs.

» Nous vous invitons donc, jeudi 18 mars, 15e anniversaire de la Commune, à vous joindre à la grande manifestation ouvrière qui aura lieu place Saint-Lambert, à 7 heures du soir.

» Pour le Groupe anarchiste de Liége :

» J. RUTTERS, » Rue des Ecoliers, 8.

» F. BILLEN, » Rue de Robermont, 28. »

La veille de ce meeting, les ouvriers d'un charbonnage de Jemeppe, près de Liége, s'étaient mis en grève. L'autorité communale n'était donc guère rassurée sur cette manifestation anarchiste.

Dans tous les quartiers populaires il y eut, toute l'après-midi du 18, une assez vive agitation.

Le bruit courait même que les grévistes de Jemeppe allaient se rendre à Liége le soir.

Le bourgmestre de Liége prit dans la soirée de jeudi 18 l'arrêté suivant :

» Vu les lois des 16-24 août 1790 et 30 mars 1836;

» Vu l'urgence ;

» Attendu qu'il importe de prévenir les dangers graves qui peuvent résulter pour l'ordre public de la manifestation socialiste de ce soir,

» Arrête :

» Art. 1er. — A partir de ce jour et dès 8 heures du soir, jusqu'à nouvel ordre, toute réunion de plus de cinq personnes est interdite dans les rues et places publiques.

» Art. 2. — Toute infraction au présent arrêté sera punie conformément aux lois.

» Art. 3. — Des expéditions de la présente ordonnance seront transmises aux autorités compétentes.

» Liége, le 18 mars 1886.

» Le bourgmestre,

» J. d'Andrimont. »

Dès l'après-midi, dit la *Meuse*, divers groupes, peu nombreux, du reste, stationnaient place Saint-Lambert. Mais, à partir de six heures du soir, on vit arriver presqu'en même temps de toutes les localités de la banlieue, de Seraing, d'Ougrée, de Tilleur, de Herstal, de Saint-Nicolas, etc.. des milliers d'ouvriers qui venaient prendre part à la manifestation. Ceux de Seraing et d'Ougrée étaient précédés d'un drapeau rouge. Dans plusieurs houillères des environs, les ouvriers s'étaient fait remonter au jour à deux heures pour pouvoir venir à Liége.

A sept heures, tous ces groupes étaient en partie massés place Saint-Lambert, en face du Palais. Ils se formèrent en cortège, précédés de deux drapeaux rouges, et parcoururent la place Verte, la place du Théâtre, les rues de l'Université, de la Cathédrale, Vinâve d'Ile et des Dominicains, en chantant des airs inoffensifs; les trois quarts de ce cortège étaient composés de gamins de douze à seize ans. Cette promenade n'a pas été signalée par le moindre désordre.

A sept heures et demie, les manifestants étaient revenus place Saint-Lambert. Quelques discours sont prononcés. Le cortège se remet en marche et se dirige par la rue Léopold vers le pont des Arches. La manifestation grossit en route. On peut évaluer à deux ou trois mille le nombre de ceux qui y prennent part. La grande masse des ouvriers liégeois stationne sur les trottoirs et voit défiler les manifestants avec assez d'indifférence.

LES PREMIERS DÉSORDRES ONT LIEU ALORS

Au moment où le cortège arrive à l'extrémité de la rue Léopold, on entend un bris de vitres. C'est une des glaces d'un magasin d'épiceries qui vole en éclats, brisée d'un coup de pierre.

Alors, le cortège fait demi-tour à gauche et s'engage dans la rue Neuve, où les habitants affolés ferment en toute hâte leurs volets.

Cinq ou six vitrines sont brisées. La manifestation continue son chemin place du Marché et reprend la rue du Pont pour regagner le pont des Arches. Dans la rue du Pont, les mêmes scènes se reproduisent. Un boulanger voit son magasin pillé : tous les pains sont enlevés. Des gamins lancent des pierres dans toutes les boutiques ouvertes.

Le cortège arrive enfin place Delcour, par les rues Chaussée-des-Prés et Surlet.

Rue de Surlet, un coup de revolver part d'un groupe de manifestants. On croit à une plaisanterie.

La place Delcour est pleine de curieux. C'est là qu'est situé le *Café National* où le meeting doit avoir lieu. Une partie des manifestants parvient à pénétrer dans le café ; ceux qui ne peuvent entrer et qui sont obligés de rester au dehors stationnent sur la place ;

— —

d'autres s'en vont et continuent à briser de divers côtés.

La salle où a lieu le meeting peut à peine contenir trois cents personnes, mais on s'y entasse autant qu'on peut.

L'ordre du jour porte, on le sait : Commune de Paris.

La parole est d'abord accordée au citoyen Warnotte, de Verviers, qui prononce un discours modéré. Il commence par faire appel à la modération.

« Nous devons, dit-il, respecter les opinions de tous, montrer que nous sommes amis de la liberté et non pas des fauteurs de désordres.

» Les fauteurs de désordres sont ceux qui ont organisé la société telle qu'elle est.

» C'est dommage qu'il faille un drapeau rouge pour marcher derrière; nous ne devons avoir en vue qu'une seule chose : l'amour de l'humanité.

» Les travailleurs ne doivent avoir leur salut que d'eux-mêmes. Pas n'est besoin d'appel à la révolte pour revendiquer nos droits. Organisons-nous par petits groupes qui seront chargés d'étudier les grandes questions sociales, les réformes à introduire. »

Le citoyen Warnotte rappelle ensuite les manifestants au respect de la propriété : « Les misérables, s'écrie-t-il, sont ceux qui y portent atteinte. »

Il est interrompu par des cris de : « Vive la République! Vive l'ouvrier! »

« Oui, vive l'ouvrier, répète-t-il, mais quand nous crions vive l'ouvrier, il faut que l'ouvrier se respecte lui-même. »

Wagener prend la parole :

« Les propriétaires, nom de D..., c'est avec la dynamite qu'il faut les traiter.

» Une bête vous saute au nez pour défendre ses jeunes, et vous autres, vous êtes assez c... pour ne pas donner à manger à vos enfants.

» Vive la Commune!

» Il faut continuer à faire ce que nous faisons aujourd'hui, nom de D... »

La salle entonne la *Marseillaise* et la séance est levée au milieu d'un très grand tumulte.

A huit heures et demie, les autorités communales s'étaient réunies à l'hôtel de ville avec M. le comte de Looz, général de la garde civique. Ordre fut donné à la gendarmerie et à une compagnie de chasseurs de la garde civique d'aller prendre position au quai des Pêcheurs, à proximité de la place Delcour.

Pendant ce temps, les auditeurs du meeting, toujours précédés de leur drapeau, sortent de la salle et se dirigent vers la rue de Pitteurs, mais cette rue est barrée; les gendarmes à cheval, les chasseurs éclaireurs de la garde civique et la police s'y trouvent en face.

M. d'Andrimont, bourgmestre, et M. Hanssens, échevin, tous deux ceints de leur écharpe, sont là.

Après les sommations d'usage pour faire disperser le cortège, les gendarmes à cheval s'ébranlent lentement.

Un brusque mouvement de recul se produit dans la foule; plusieurs personnes sont renversées, piétinées; trois ou quatre coups de revolver partis des rangs des anarchistes augmentent encore la confusion.

Mais quelques instants après, la foule se reforme plus loin; les chasseurs-éclaireurs de la garde civique avancent à leur tour et manœuvrent en vue de disperser la foule, qui crie, qui hurle, qui siffle. Des pierres partent de divers côtés et vont frapper des gendarmes et des gardes qui ne paraissent guère s'en émouvoir et conservent leur calme.

Une partie des manifestants, quatre ou cinq cents, se reforment en cortège, traversent de nouveau le pont des Arches, où il n'y avait plus ni gendarmes ni gardes civiques, et reviennent de ce côté de la ville, qui se trouvait dégarni de troupes.

Tous les grands cafés du centre eurent les glaces de leurs vitrines presque entièrement brisées.

Le bourgmestre, la gendarmerie et la garde civique,

apprenant ce qui se passait au centre de la ville, repassent le pont des Arches.

Les gendarmes à cheval, en arrivant place Saint-Lambert, sont accueillis par des huées. Plusieurs coups de revolver sont tirés; un gendarme reçoit un coup de pierre qui lui fait une blessure à la tête.

Une décharge à blanc est faite par les gendarmes contre les émeutiers.

A dix heures, toutes les autorités sont en permanence à l'hôtel de ville.

Sur la réquisition du bourgmestre, le général de Looz donne l'ordre de battre le rappel et de convoquer les deux légions de la garde; d'autre part, toutes les troupes de la garnaison sont consignées dans les casernes, prêtes à marcher.

A onze heures, les bandes sont dispersées. De fortes patrouilles de gardes civiques, d'agents de police et de pompiers circulent.

On entend encore par-ci par-là quelques bris de vitres. Ce sont des gamins qui jettent des pierres en se sauvant.

Ainsi se termine cette journée du 18.

Quarante-sept arrestations furent opérées, toutes pour rébellion, injures, dégâts; les gamins pillaient et détruisaient toute sortes de marchandises. Rue Neuvice, la police arrêta un porte-drapeau, le deuxième, qui avoua avoir tiré six coups de revolver en l'air.

Parmi les ouvriers arrêtés, il y en avait plusieurs du charbonnage de la Concorde, de Jemeppe, qui était en grève depuis le matin.

Dans la nuit de 18 au 19 mars, Wagener, un des signataires de l'*appel* et qui prit la parole place Saint-Lambert, fut arrêté chez lui, à Herstal, près de Liége.

Le lendemain de cette soirée qui fut, en petit, la répétition des troubles de Londres, des mesures extraordinaires furent prises. Toute la garde civique était sous les armes. Les troupes furent consignées.

Les bourgeois, les commerçants surtout, avaient une peur bleue. Ils craignaient à chaque instant une invasion, en ville, de ces nouveaux barbares !

A part quelques rassemblements, cependant, et quelques bousculades sans importance, la soirée du 19 fut calme à Liége. Mais à Seraing, à Ougrée, à Jemeppe, à Tilleur, les ouvriers quittaient en masse les charbonnages. La plupart, en arrivant au jour, se mirent à crier : *Vive la République !*

Le 20, pendant toute la journée, le gourvernement fit diriger quantités de troupes sur Liége et les environs. Des régiments partirent de Bruxelles, d'Anvers, de Namur et du camp de Beverloo.

A partir du 21, le bassin de Seraing est entièrement occupé par les troupes; tous les puits de charbonnages, tous les établissements, tous les passages qui y donnent accès, ainsi que les ponts de la Meuse, le palais de M. Sadoine et les maisons communales, sont militairement gardés. Partout des cavaliers tenant leurs chevaux par la bride, des fantassins assis sur leurs sacs et des patrouilles circulant baïonnette au fusil. Les bourgmestres ont interdit jusqu'aux rassemblements de plus de trois personnes, ainsi que l'accès des houilleurs à tous les meetings.

Jamais on ne vit pareil affolement!

*
* *

Le 21, à Bruxelles, devaient se tenir, comme tous les autres dimanches, quelques réunions sans importance. Il n'en fallut pas davantage aux autorités pour prendre des mesures extravagantes. Et toutes ces réunions se passèrent, naturellement, dans le plus grand calme et, naturellement aussi, on ne vit aucun de ces terribles anarchistes qui mettaient toutes les cervelles de nos maîtres sens dessus dessous!

*
* *

On écrivait de Liége à la *Réforme*, le 22 mars :

« Les autorités sont enfin parvenues à reprendre

un peu de calme. Il ne s'est rien passé hier, grâce à la sagesse de la population et malgré les provocations continuelles des gendarmes et des lanciers. Il faut vraiment que les gens d'ici aient bien bon caractère pour avoir enduré tout cela, car s'il n'y a pas eu de troubles, ce n'est pas la faute du gouvernement qui a fait tout ce qu'il fallait pour les rendre inévitables. A Liége, on a rarement vu la ville aussi calme, peut être parce qu'il n'y avait plus un homme pour la garder. A l'hôtel de ville, toutes les autorités communales et provinciales étaient réunies; la salle des Pas-Perdus et les escaliers sont remplis de gardes civiques. Le téléphone marchait continuellement; les estafettes se succédaient; les ordres partaient dans toutes les directions. On se serait cru au quartier-général d'une armée livrant bataille; mais surtout on se serait cru à Tarascon. »

La grève s'étendit.

Les ouvriers demandaient une augmentation de salaires, mais parce que leurs salaires venaient d'être réduits; en outre, ils demandaient de pouvoir remonter dès qu'ils auraient fini leur travail au fond, et on voulait les faire rester jusqu'à ce qu'ils eussent tous achevé leur besogne, les retenant pendant des heures entières, couverts de sueur, à demi-nus et grelottant sous l'eau glacée des galeries qui aboutissent aux puits.

Ce fut le comble de la cruauté !

On s'attendait parfaitement à la grève, et elle aurait eu lieu même sans les désordres de Liége. Elle n'est pas due le moins du monde à des meneurs, elle est le produit spontané de l'accroissement de la misère et des vexations sans nombre subies par les ouvriers. On s'attendait si bien à la grève que quinze jours auparavant on retirait les provisions de dynamite de certains charbonnages.

*
* *

Dans la plupart des charbonnages, on ne travaillait plus que quatre jours par semaine.

A Seraing, un facteur des postes a reçu une balle dans le bras; un autre une balle dans la fesse; un officier de gendarmerie a asséné deux coups de sabre sur la tête d'un passant qu'il avait fait arrêter parce que ce dernier ne marchait pas assez vite!

A Tilleur, les soldats, sur l'ordre de leurs chefs, tirèrent, mais trop haut, sur des personnes qui se trouvaient sur la passerelle du chemin de fer. Les officiers visèrent juste; un enfant eut le flanc percé d'une balle de revolver. La grève s'étendit à Ans, à Montegnée, à Beaujonc. Tilleur avait un aspect sinistre, tous les maisons furent fermées.

A qui revient la responsabilité du sang versé? La

Réforme le dit en excellents termes, quand elle écrit :

« L'inutile déploiement de forces militaires a produit son effet logique. Tandis qu'à Seraing on a eu le bon esprit de dissimuler les troupes dans les établissements et de ne plus les faire circuler dans les rues, — ce qui aurait dû se faire partout, — on a continué à couper de haies de soldats et de patrouilles menaçantes les rues des localités de la rive gauche.

» Aussi la collision prévue s'est-elle produite. Depuis trois jours la présence des troupes a surexcité au plus haut point l'esprit de la population ouvrière. Les groupes d'ouvriers, grévistes ou curieux, ont continué à se former partout où il y avait des soldats.

» Ces groupes étaient silencieux, sombres, presque farouches ; pas un chant, pas un cri ; c'est à peine si ces gens parlent entre eux. Mais ce sont tous gens habitués à risquer leur vie, et si on veut absolument les massacrer, on y arrivera, mais ils vendront chèrement leur peau.

» Ces gens-là n'écoutent point des meneurs que leurs patrons veulent voir partout pour expliquer les effets de la misère, comme les religions mettent partout des dieux et des miracles pour expliquer les phénomènes naturels. Mais ils souffrent énormément ; les salaires de 50 à 100 francs par mois sont insuffisants pour vivre ; leur travail est le plus pénible qui soit; il est accompagné de mille vexations de la part des agents de la lourde féodalité industrielle qui les domine. Et aujourd'hui, les soldats sont venus se mettre au service de cette même féodalité; à la provocation résultant de la présence et de l'attitude des troupes sont venus s'ajouter les arrêtés draconiens, inexécutables, du bourgmestre. L'état de siège s'est abattu sur ce pays et l'on y est hors la loi; aussi les rues de Tilleur, par exemple, offrent l'image d'un champ de bataille; les volets sont fermés, les habitants se risquent à peine sur le pas de leur porte.

» Et ils ont raison, car on ne s'est pas contenté d'annoncer l'intention sauvage de tirer à travers tout. A Tilleur, où règne M. Braconnier, qui a gagné plusieurs millions dans l'exploitation du Horloz, le sang a été versé par les troupes qui gardent son charbonnage. Celui-ci a deux sièges, l'un près de la Meuse, l'autre au pied de la colline; ils sont séparés par le chemin de fer de Namur à Liége; sur ce chemin de fer, il y a une passerelle distante d'une quarantaine de mètres du haut donjon du Horloz riverain; toutes les étroites rues de Tilleur étant barrées par les troupes, quelques mineurs s'étaient avancés sur cette passerelle. On leur a fait les sommations; ils ne pouvaient de là faire aucun mal; ils se croisaient les bras et criaient; « Tirez, lâches! » Les officiers commandèrent le feu ; les soldats tirèrent trop haut pour atteindre le groupe ; les officiers visèrent et abattirent trois personnes, un enfant, une femme et un mineur. Les autres restèrent immobiles et répétèrent leur cri : « Tirez, lâches ! »

» N'est-ce pas navrant ? L'enfant est un gamin de Jemeppe ; on l'a emporté mourant à l'hôpital de Liége. Il est à prévoir qu'après cette scène, la colère va grandir et que ce soir la lutte recommencera ; tout le monde est armé ici et l'on tire des coups de revolver, ne fût-ce que par amour du bruit. Mais déjà la grève se généralise, et l'on peut s'attendre à de nouvelles scènes de sauvagerie du genre de celle de Tilleur, pour aboutir finalement à un massacre. Tout cela peut finir très mal ; en tout cas, l'occupation actuelle laissera de longs souvenirs de haine et de vengeance et tous ceux qui y ont participé ont encouru vis-à-vis du pays une lourde responsabilité.

« C'est d'ailleurs maintenant une véritable chasse à l'homme ; quiconque monte à une fenêtre d'un étage supérieur, ou sur un point élevé quelconque, fût-ce sur la colline, est sommé de descendre, ou sinon on tire sur lui. Les propriétaires de mines se sont armés en guerre ; ils veillent dans leurs bâtiments, entourés des officiers qui mangent à leur table ; ils sont munis de fusils perfectionnés et annoncent l'intention, cette nuit, de tirer sur tous les groupes qui se formeraient aux abords des charbonnages. La peur rend féroce et il semble déjà que les houilleurs ne soient plus des hommes pour tout ce monde affolé.

« Voilà où nous en sommes, grâce aux inutiles précautions ordonnées par nos autorités ! Et c'est ce que l'on ose appeler « gouverner » les hommes ! »

*
* *

Le 24 mars, la grève s'étend encore, mais le calme est parfait.

Le tribunal correctionnel condamne les quarante-sept personnes arrêtées le 18 à des peines variant de six à seize mois de prison ! Rien que ça ! La plupart de ces malheureux n'avaient pas d'avocat. Un des porte-drapeau a été condamné à un an de prison et Wagener à deux mois pour bris de clôture ; il est renvoyé en outre devant la Cour d'assises pour les autres faits relevés à sa charge.

Le même jour a lieu, à Seraing, l'enterrement de Jacobs, l'agent d'affaires tué à sa fenêtre. Le cortège est calme. Le cimetière est gardé par trois escadrons de lanciers et quatre cents hommes d'infanterie. L'entrée du cimetière est interdite.

Le lendemain, 25, on enterre le jeune Sody, de Jemeppe. Il y a foule. Tout le monde est ému.

Le corps de musique des fanfares de Jemeppe, dont Sody était membre, a voulu se faire entendre mais il en a été aussitôt empêché. Les fanfares ont joué à l'église seulement. Le cortège arrivé au cimetière est arrêté par la troupe. On ne laisse entrer que le cercueil, le curé et les parents.

Ces mesures sont accueillies avec le plus grand calme et même avec un certain mépris. Les lanciers sont massés dans la cour de l'hôtel de ville, prêts à monter en selle en cas de danger.

Pendant qu'on enterre les victimes de la plus criminelle des répressions, M. Sadoine fait placarder une affiche. Celle-ci ordonne, malgré l'avis contraire de la plupart des chefs de service, de rendre leurs livrets aux ouvriers qui les redemanderont et de congédier les grévistes. La panique est générale à la suite de cet ukase qui est considéré par tous comme une véritable provocation. Quatre houillères de Cockerill sont en grève, ainsi que des puddleurs.

Des bagarres ont lieu un peu partout. Elles sont provoquées par le sot déploiement de troupes et les provocations insensées des autorités.

∴

Il faut protester contre cette odieuse façon d'agir. La *Fédération bruxelloise du Parti ouvrier* le fait dans un meeting public tenu le 25 mars, à 8 heures du soir, à la *Nouvelle Cour de Bruxelles*.

Naturellement, la foule est énorme. Le meeting est présidé par le citoyen Renard.

Les citoyens Verrycken, Van Loo et Volders prennent tour à tour la parole et flétrissent énergiquement la conduite du gouvernement et de certaines autorités communales.

L'ordre du jour suivant est ensuite adopté par acclamation :

« Le meeting réuni le 25 mars 1886 à la *Cour de Bruxelles*, estimant que la conduite du gouvernement dans les grèves de Liége est odieuse et de nature à faire naître la haine parmi les citoyens ;

» Considérant que le rôle de l'État est de défendre le faible et l'opprimé et non d'aider les grands industriels à le dominer et à le terroriser;

» Considérant que le gouvernement, en établissant l'état de siège dans l'arrondissement de Liége et en faisant fusiller les grévistes par l'armée, a failli à sa mission,

» Stigmatise la conduite du gouvernement et affirme sa sympathie en faveur du suffrage universel qui doit modifier l'état de choses actuel, supprimer les privilèges et faire de l'État le défenseur et le protecteur des travailleurs et des opprimés. »

La sortie de ce meeting se fait lentement et avec

calme. Mais au bout de la place Fontainas, un groupe se forme. Il est repoussé par la police. Des protestations ont lieu et le cortège, fortement grossi, se dirige vers le palais du roi. Là des scènes scandaleuses se produisent. La police repousse la foule avec une brutalité inouïe. Aussitôt vingt-quatre gendarmes à cheval arrivent au triple galop. On procède à quelques arrestations et le calme se rétablit.

* *

Le même soir, arrivent de Charleroi, du Centre-Hainaut et du Borinage des nouvelles alarmantes.

Les mineurs du charbonnage du *Gouffre*, à Châtelineau, se sont mis en grève le matin. Ils réclament une augmentation de salaires. On a des craintes sérieuses que la grève ne prenne une grande extension. Les nouvelles de Liége causent partout une vive émotion parmi les mineurs de Gilly, Ransart, Montigny, Charleroi, Dampremy et Jumet.

Il en est de même pour le Borinage.

Le 16, la grève s'étend à un grand nombre de charbonnages. Les ouvriers sont très montés, car ils usent de violence et les bandes de grévistes vont d'un charbonnage à l'autre pour faire cesser le travail.

Dès ce moment, toutes les communes du bassin

de Charleroi sont à la merci de nombreuses bandes d'ouvriers révoltés. Toute l'armée a été dirigée sur Liège et les environs, et pendant ce temps, les autorités de Charleroi réclament partout des secours.

Pendant la soirée du 26 et la nuit du 26 au 27, environ mille mineurs grévistes ont parcouru Fleurus, Gilly, Montigny-sur-Sambre, Châtelineau et les communes environnantes. A quatre heures de l'après-midi, ils arrivent à Jumet venant de Lodelinsart; ils s'arrêtent devant chaque établissement et forcent les ouvriers à déserter l'atelier. Dans toutes les verreries ils brisent portes et fenêtres, saccagent les bureaux et détruisent les marchandises; de tous les *canons en verre* soufflé, aucun n'est resté entier, pas un seul carreau de vitre n'a échappé à la destruction.

Les grévistes ne quittent pas des établissements sans en avoir fait sortir tous les ouvriers.

Les ateliers, les verreries, les châteaux qui se trouvent sur leur passage sont démolis à coups de hache. On ravage tout chez Mondron, à Lodelinsart, aux Verreries nationales, établissement Sadin, à Jumet.

Chez Léopold de Dorlodot, à Lodelinsart, il y a un four à bassin qui a été allumé la première fois le 10 mars et qui est mis hors de service. Les grévistes ont jeté plus de 40,000 kilog. de fer et autres matériaux dans le four.

Aux verreries Sadin, on a détruit pour plus de 30,000 fr. de cristal, 28 à 30,000 fr. de verre de couleur en feuilles; le chiffre du verre ordinaire cassé n'est pas connu Dans les verreries Dulière, chez Dandoy, à l'Ermitage, chez Baudoux, partout enfin, les pertes sont énormes.

A la verrerie Casimir Lambert, la compagnie d'artillerie a tenu tête pendant une demi-heure à plus de sept cents grévistes qui voulaient tout briser. Les officiers se sont trouvés, à plusieurs reprises, dans des positious critiques, ont fait charger les armes et fait mettre baïonnette au canon. Des secours étant arrivés, les émeutiers se sont retirés.

Après avoir fait cesser le travail à Dampremy et à une partie de Marchienne, les bandes — c'est ainsi que s'expriment les journaux bourgeois — se sont dirigées sur Roux et ont pénétré dans le bel établissement de glacerie où elles ont mis le feu; mais les chasseurs à pied, arrivés dans la soirée à Charleroi, étant survenus, ont chargé les grévistes, et voyant qu'ils résistaient, les sommations d'usage ont été faites. Puis le commandant a ordonné le feu. De nombreuses victimes sont tombées, et les fuyards ont été poursuivis la baïonnette dans les reins. Immédiatement, le feu a pu être éteint.

Un autre groupe d'ouvriers s'est dirigé vers les glaceries de Gosselies-Courcelles où il a facilement pénétré, mis l'établissement au pillage, ainsi que les habitations voisines, après quoi il a incendié les usines, qui sont en grande partie détruites. Les émeutiers pillèrent et enlevèrent tout sur leur passage ; pendant la nuit on parvint à éteindre l'incendie, mais, néanmoins, il y eut beaucoup de dégâts.

Le château et la ferme modèle de M. Dumont de Chassart ont été mis à sac et ensuite incendiés, ainsi que plusieurs autres habitations des communes voisines. Le vendredi soir, jusque deux heures du matin, l'horizon était rouge des réverbérations de toutes ces fournaises. On demandait des secours à tout instant à Charleroi et on n'avait rien à envoyer, car on était dépourvu de tout.

Du magnifique établissement verrier de M Eugène Baudoux, qui passait pour un modèle du genre et comprenait sept fours à bassins, mis nouvellement en marche, il ne reste plus que des murs calcinés ; il en est de même de la maison d'habitation et de toutes les dépendances de l'usine.

Les pertes causées par les incendies et les dévastations des verreries Mondron, Sadin, Devillez, De Dorlodot, Jonet, sont évaluées à plus de dix-huit cent mille francs ; tout a été pillé; on a arrêté plusieurs individus dans les caves. Le nombre des arrestations est considérable...

Le matin, une bande est entrée à Marchienne-au-Pont et a pillé plusieurs maisons; elle a pour mission d'arrêter le travail aux diverses usines et charbonnages de cette contrée. On a entendu distinctement, ce matin, dans la direction de Gilly et Couillet, de fortes détonations et aussitôt le bruit a couru que les bandes étaient aux prises avec l'armée; les soldats ont de nombreuses cartouches à balles et ont reçu des ordes sévères.

Deux escadrons de lanciers sont encore arrivés à cinq heures du matin et ont été dirigés vers les endroits les plus menacés. A six heures et demie sont aussi arrivés 1,000 hommes d'infanterie qui vont occuper les établissements menacés.

D'autres troupes sont en marche pour Charleroi : infanterie et cavalerie. Elles arriveront vers dix heures.

La garde civique a fait le service toute la nuit; elle a gardé tous les ponts, les entrées de la ville et la prison où un coup de main devait être tenté, disait-on.

Les 6e et 8e de ligne en entier arrivent à leur tour.

On demande des secours immédiats du faubourg de Charleroi où l'on pille et où l'on saccage tout.

Le sieur Dailly, directeur des verreries Baudoux, a réussi à s'échapper avec sa femme et ses enfants, sans rien pouvoir emporter avec lui ; il a été obligé d'acheter des vêtements à Charleroi. C'est lui que les émeutiers voulaient écharper.

A Roux, la troupe a fait feu plusieurs fois sur les grévistes. Il y a eu 18 tués et un grand nombre de blessés. Le bourgmestre est parti on ne sait où. C'est un capitaine qui le remplace et qui commande en maître dans la commune.

Les troupes arrivent constamment.

Le général Vandersmissen, le triste et cruel héros de l'expédition du Mexique, est parti à Charleroi pour prendre le commandement en chef. C'est de cette façon que le gouvernement veut mettre fin à la misère, cause première de tous ces désordres.

On affiche sur tous les murs les proclamations suivantes :

« Concitoyens,

» En présence des atteintes graves portées à la propriété, le respect de la loi peut nécessiter une répression énergique.

» Les citoyens paisibles qui ne sont pas requis pour un service public sont invités à rester chez eux.

» Ils éviteront ainsi d'être victimes d'une imprudente curiosité.

» *Le Bourgmestre,*

» Audent. »

Voici l'autre :

» Le gouverneur de la province porte à la connaissance des autorités communales que des mesures sont prises par le gouvernement pour protéger l'ordre menacé dans certaines communes par des malfaiteurs qui n'ont d'autre but que le pillage et qui portent atteinte à la liberté du travail.

» Des forces suffisantes sont mises sur pied pour parer à toutes les éventualités et elles ont reçu l'ordre de faire usage des armes en cas de nécessité, sans aucun ménagement.

» Il est indispensable que chacun prête son concours à l'autorité en s'abstenant de se mêler aux manifestations de quelque nature qu'elles soient. En n'observant pas cette recommandation, on s'exposerait à être confondu avec les coupables dans la répression.

» Messieurs les bourgmestres donneront à la présente proclamation toute la publicité possible.

» DUC D'URSEL. »

L'émeute continue de plus belle. L'abbaye de Soleilmont à Gilly est en feu.

Les ouvriers révoltés ont des armes.

Le 27, une trentaine de grévistes ont déchargé leurs revolvers sur la garde civique. Plusieurs de ceux-ci sont blessés.

Le même jour, vers midi, une nouvelle collision sanglante a lieu à Roux, près des verreries Bougard, entre les grévistes et le 1er chasseurs à cheval. Les grévistes voulaient envahir la verrerie. Ils ont été repoussés. Les chasseurs ont fait alors feu deux fois et ont tué dix hommes. Il y eut aussi de nombreux blessés.

A Charleroi, la panique est grande. Tous les magasins sont fermés.

De nombreuses bandes continuent leurs promenades, arrêtant le travail partout et semant la peur. Pendant ce temps, d'autres bandes vont rendre visite aux industriels et exigent de l'argent. Il en est qui, pour ne pas voir saccager leurs établissements, donnent jusque deux mille francs.

La plupart des malheureux révoltés sont pauvres, loqueteux. Leur visage est hâve, leur misère est visible. On dirait, en les voyant, une nouvelle jacquerie ravageant le pays qui leur refuse de gagner honorablement leur vie en travaillant.

L'armée ne leur fait pas peur, et lorsqu'on menace de tirer, il en est beaucoup, même des femmes, qui découvrent leurs poitrines!

*
* *

La nuit du 27 au 28 a été relativement calme à

Charleroi. L'armée occupe les hauteurs. La garde civique garde les ponts.

Les grévistes entrés en ville dans la journée n'ont pu sortir et de nombreuses arrestations ont été opérées.

Beaucoup d'individus ont été trouvés porteurs d'armes à feu chargées.

A Marcinelle, des troupes de femmes affamées ont parcouru la commune, exigeant de l'argent ou des vivres : elles étaient accompagnées d'hommes armés de haches et de piques. Des mesures sont prises pour faire une chasse vigoureuse à ces pauvres gens.

*
* *

Maintenant, l'armée est en nombre. Des chasses impitoyables sont organisées dans toutes les communes. La cavalerie et les chasseurs à pied doivent déloger partout les grévistes. Ils ont reçu l'ordre de faire feu sans hésiter. C'est du pur Vandersmissen !

Plusieurs des blessés des collisions de Roux sont morts ; d'autres sont dans un état désespéré.

A Fontaine-l'Evêque, Anderlues et Piéton, on a fait cesser le travail dans les charbonnages et commis des dégâts. On réclame des secours.

Le samedi, 27, à dix heures du soir, à Manage et

à La Louvière, on brisait tout dans les usines et les charbonnages. Cinq cents hommes ont été sur-le-champ dirigés de ce côté.

On attend de Charleroi de nouveaux renforts. La garde civique est toujours de service.

Par ordre du général Vandersmissen, il y a eu pendant la nuit une marche de concentration des troupes vers Gosselies et Courcelles, dans le but d'englober les grévistes éparpillés dans les communes de Marchienne, Dampremy, Lodelinsart, Jumet, Roux et Gosselies. Ces troupes étaient précédées d'un réseau de cavaliers. A Jumet un ouvrier, grimpé sur le mur du château Bivort, et sommé vainement de descendre à plusieurs reprises, a été tué.

*
* *

A partir du dimanche 28 mars, la ville de Charleroi redevient calme. La garde civique est toujours sous les armes, la nuit comme le jour. Dans les environs, les troubles continuent malgré la présence de l'armée.

Dans toutes les communes, des appels à la révolte sont affichés pendant la nuit. On craint des désordres dans le Centre. Des troupes sont campées à Morlanwelz et à La Louvière.

L'armée est impitoyable. On tire sur les mineurs à bout portant. A la verrerie Bougard, lors de la fusillade, c'est à peine si quatre mètres séparaient les émeutiers de l'armée !

Le nombre des morts augmente dans des proportions désolantes. Un grand nombre de familles réclament leurs morts et leurs blessés

Pendant la journée du 28, on a déposé à la morgue de Roux les cadavres des ouvriers tués. Un foule énorme a envahi le cimetière. La reconnaissance des victimes donne lieu à des scènes touchantes.

Voici les noms de quelques tués de Roux : Ch.-Joseph Roset, 21 ans, de Dampremy ; Strimmel et Deunin, de Dampremy ; Jules Lemaire, 33 ans, de Marchienne ; Guillaume Rollande, de La Docherie, Joseph Gererad, dit le Borain, de Frasmes ; Arthur Bourgeois, gamin de souffleur travaillant aux verreries Schmidt ; Devillez, de Dampremy ; E. Jean-Bapt. Debruyle, houilleur, 50 ans, de Dampremy

Nous renonçons a décrire toutes les scènes, toutes les tueries, toutes les attaques qui ont eu lieu pendant ces quelques jours. Ces faits d'ailleurs, étaient les mêmes partout.

∴

Nous avons dit plus haut que, sur l'ordre du général

Vandersmissen, des troupes avaient été envoyées à La Louvière et à Morlanwelz. Dans cette première commune, un meeting était annoncé. Les citoyens Alfred Defuisseaux et Jean Volders y prirent la parole Ils ont prêché le calme. Le bruit a couru que le parquet avait délivré des mandats d'arrêt contre les deux orateurs.

*
* *

La détente devient à peu près complète à Charleroi à partir du 30, à part quelques escarmouches de ci de là.

Mais le restant du pays s'émeut à son tour. Le Borinage a plusieurs charbonnages en grève et une émeute a lieu à Quaregnon.

Dans le Centre, plusieurs charbonnages sont également en grève. A Bascoup, une collision a lieu entre les grévistes et l'armée. Trois charges sont faites. Les grévistes ont eu deux morts et douze blessés.

A Wawre, le samedi après-midi, deux ouvriers, fusil sur l'épaule, se sont promenés par les rues. Un peu plus tard, des groupes se forment aux quatre coins de la ville et se rendent rue du Pont-du-Christ, une des rues principales, criant : « Vive la République ! » et chantant la « Marseillaise », puis se dispersent.

Sur les murs de la ville sont placardées des affiches convoquant les ouvriers à un grand meeting pour le lendemain dimanche, à quatre heures.

A Verviers, on lit sur les édifices publics et autres lieux une proclamation du bourgmestre, interdisant les rassemblements, l'exhibition de drapeaux, emblèmes, bannières, pouvant exciter au désordre.

Le bataillon du 10e de ligne, dont se compose la garnison, et la garde civique, sont consignés.

Le 28, à six heures du soir, la gendarmerie avait sellé ses chevaux et se tenait prête à partir au premier signal.

Cependant, la ville reste calme, quoique les esprits soient surexcités. Dans les fabriques et les ateliers, les émeutes des bassins de Liége et de Charleroi font le sujet de toutes les conversations.

* * *

A Gand, un grand meeting organisé par le *Vooruit* a lieu le 29. Les ouvriers décident l'envoi de 5,000 pains aux familles des victimes. Ils votent un ordre du jour blâmant le gouvernement.

A Anvers, même mouvement de protestation contre les massacres. La boulangerie coopérative décide l'envoi de 1,000 pains aux grévistes de Charleroi.

A Liége, on n'est pas toujours rassuré et tout le monde veille. La grève continue.

A Dinant, à Tournai, à Lessines, à Soignies, les ouvriers des carrières sont en grève. Ils parcourent les rues, en bandes, précédés de drapeaux rouges. La *Marseillaise* est leur chant de guerre et les cris de *Vive la République!* se répètent.

∴

Dans toutes les autres localités les ouvriers se réunissent. La Ligue ouvrière bruxelloise vote l'ordre du jour suivant :

« La Ligue ouvrière bruxelloise, réunie en assemblée générale le 28 mars, après avoir examiné l'attitude inique du gouvernement à l'égard des travailleurs des bassins houillers de Liége et du Hainaut, proteste énergiquement, au nom des droits de l'humanité contre les mesures sanguinaires qui ont été prises, et lève la séance en signe de deuil. »

La Ligue décide en outre que le drapeau noir sera arboré à son local.

∴

Les Chambres se réunissent le mardi 30 mars. Les vacances de Pâques de nos honorables ont été mouvementées !

Que va faire la Chambre? Que va proposer le ministère? On n'en sait rien.

Le Conseil général du Parti ouvrier décide alors

de faire un manifeste dont un exemplaire serait remis à M. Beernaert, chef du cabinet, avant la séance de la Chambre. La délégation chargée de remettre ce document est reçue par un secrétaire du ministre.

Voici ce manifeste :

« AU PEUPLE BELGE !

» Le pays traverse une crise terrible. Les classes déshéritées souffrent, les grèves se multiplient, des émeutes provoquées par la misère et la diminution constante des salaires répandent partout le trouble et la consternation.

» L'ouvrage manque, les impôts de consommation et l'infâme impôt du sang se sont accrus sans cesse, des charges de plus en plus lourdes accablent les travailleurs.

» Les gouvernants n'ont d'autre souci que de maintenir la suprématie et la prospérité de leur caste. Aux plaintes des malheureux, ils ont constamment et de parti-pris fermé l'oreille ; aux désespérés qui se sont révoltés, tant leur sort était intolérable, ils ont opposé la plus barbare et la plus cruelle des répressions.

» Le sang des malheureux a été répandu à Liège, dans le bassin de Charleroi, dans le bassin du Centre et dans le Borinage.

» On n'a trouvé d'autre remède à opposer à la misère que la fusillade.

» Cette situation ne peut durer. Trop de sang a coulé déjà. Le peuple belge ne permettra point qu'on massacre les pauvres gens égarés par la souffrance.

» Les Chambres se réunissent aujourd'hui. Il faut, en présence de ce qui se passe, qu'elles prennent des mesures de nature à porter remède aux maux des classes laborieuses.

» Du travail, et du travail suffisamment rétribué, doit être donné à tous ceux qui en manquent et qui offrent leurs bras. Il y a des travaux publics dont l'utilité est reconnue; qu'on les fasse exécuter sans retard.

» Les classes déshéritées réclament des réformes économiques ; les Chambres ont pour devoir de les leur donner. Des lois réglementant le travail, protégeant les travailleurs contre l'exploitation des capitalistes, organisant le crédit et la propriété sur d'autres bases, décrétant la reprise des mines par l'État, modifiant le système des impôts, doivent être votées à bref délai.

» Le peuple exclu, par la Constitution, des affaires publiques, doit être réintégré dans ses droits par l'octroi du suffrage universel, la seule réforme électorale juste et démocratique.

» Le gouvernement et la classe capitaliste dont il est issu doivent écouter ce suprême appel. Ils ont apporté des entraves à l'organisation ouvrière; ils ont, par leur égoïsme, contribué largement à créer la situation actuelle : le temps est venu où ils doivent abandonner la voie dans laquelle ils ont trop longtemps marché.

» Mais s'ils persistent à refuser au travailleur le redressement de ses griefs légitimes, celui-ci n'est-il pas en droit de refuser tout travail à une société qui le traite en paria, et à proclamer la grève générale de tous les métiers? Qu'on y réfléchisse. le droit de se mettre en grève, le droit de coalition, existe dans nos lois. A défaut d'autres droits qu'on lui refuse, le peuple pourrait donc exercer celui-là, et étendre à toutes les industries et à toutes les régions du pays le refus de travail adopté en ce moment par les ouvriers de nos bassins houillers.

» En tout cas, travailleurs nos frères, l'heure a sonné de montrer à ceux qui nous gouvernent que nous sommes fatigués de ne rien être dans notre patrie, rien que des bêtes de somme et de la chair à canon!

» *Le Conseil général du Parti ouvrier.* »

La Chambre se réunit donc et voici ce qui s'y passe. Nous citons le compte rendu officiel :

M. Beernaert. — Depuis notre dernière séance, de graves événements se sont passés. Exploitant les difficultés d'une situation qui atteint toute les classes, quelques meneurs ont réussi à soulever les mineurs et à occasionner les désordres les plus graves.

C'est à Liège que l'on commença. La police, pendant deux jours, tint tête aux émeutiers ; mais ceux-ci voulant faire cesser le travail, la troupe fut requise et dut à plusieurs reprises faire usage de ses armes. Quelques personnes furent tuées, d'autres blessées.

Les ouvriers se plaignent de l'insuffisance des salaires et réclament la réduction des heures de travail. Sans doute, leur situation est digne de pitié, mais n'est-elle pas le résultat d'une crise qui se prolonge au delà de toute durée ?

De 1876 à 1884, la moitié des charbonnages ont exploité à perte et ont perdu 73 millions, l'autre moitié a gagné 92,875,000 francs. Le salaire a diminué de 35 centimes : le prix de vente des charbons a diminué de 74 centimes.

Le 25, dans la matinée, on apprit à Charleroi que des ouvriers qui s'étaient mis en grève à Fleurus avaient fait arrêter le travail à Ransart et ailleurs. La grève n'étant pas inquiétante, aucune réquisition de troupe ne fut faite ; cependant, le soir quelques troupes furent envoyées.

Le 26, la grève grandit, les désordres augmentèrent; des troupes furent requises et envoyées à Charleroi.

Rien n'annonçait encore, à une heure et demie, les graves excès dont une foule en délire devait se rendre coupable. A trois heures et demie, les désordres commencèrent, et en une heure, les usines furent mises à sac, les châteaux brûlés. Et, chose étonnante, ce furent les verreries qui furent le plus atteintes, là où les salaires étaient rémunérateurs.

Comme à Liége, les repris de justice, la lie de la population, étaient à la tête du pillage.

Plusieurs régiments furent immédiatement envoyé sous le commandement de M. Vandersmissen. Quelques journaux ont dit que les effectifs avaient été réduits pour raison d'économies et qu'ils étaient insuffisants. Cela était inexact. Jamais l'effectif n'a été aussi nombreux.

Quoi qu'il en soit, le gouvernement a rappelé les classes de 1882 et 1883. L'ordre a été donné et exécuté immédiatement.

Le gouvernement se plaît à rendre un solennel hommage à l'armée, aux autorités judiciaires, à la gendarmerie, à la garde civique de Charleroi, aux administrations du chemin de fer et du télégraphe qui toutes ont mérité les plus vifs éloges. (Très bien.)

Aujourd'hui, le calme se rétablit à Charleroi et les ouvriers laborieux résistent aux meneurs et veulent reprendre le travail.

Malheureusement, la troupe, surprenant des pillards et des incendiaires en flagrant délit, a dû faire usage de ses armes. Il y a des morts ; nous n'en connaissons pas le nombre.

La presse a exagéré le tout cependant, tant au point de vue des collisions qu'au point de vue des incendies et des pillages.

Cela nous a fait du tort à l'étranger qui ne donne plus de commandes à notre industrie. Si les meneurs disent que le sort du travail est mauvais, ils oublient de dire que le sort du capital n'est pas meilleur.

Le gouvernement examinera avec calme et sang-froid les mesures qu'il doit prendre pour donner du travail Des crédits importants ont été demandés pour des travaux publics. Ils seront réalisés sans retard, de même que 352 kilomètres de chemins de fer vicinaux. Ce sera du travail pour tout le monde.

Voilà les communications que le gouvernement devait vous faire ; il espère qu'elles recevront l'assentiment de tous. (Très bien.)

M. Frère. — Le moment n'est pas venu pour discuter les événements douloureux qui se sont passés. L'opinion publique accuse le gouvernement d'avoir organisé les secours trop tard ; je ne me prononce pas actuellement ; je demande au gouvernement des détails plus précis sur ce point. Pour le moment, il faut que force reste à l'ordre et à l'autorité.

M. Beernaert. — Si M. Frère désire des explications complémentaires, nous les lui fournirons.

L'incident est clos.

L'incident est clos ! Et la Chambre, comme si de rien n'était, reprend son ordre du jour !

Cette conduite est tellement scandaleuse que des journaux qui n'ont rien de révolutionnaires déclarent que la Chambre est vraiment coupable.

Voici l'opinion de quelques journaux à cet égard :

La *Gazette* s'exprime comme suit :

« Les événements ont ainsi forcé la main à des résistances dictées par de misérables préoccupations électorales.

» La Chambre n'a trouvé rien de mieux à faire que de passer à son ordre de jour, immédiatement après les explications du gouvernement et quelques courtes observations de M. Frère-Orban, qui a réservé son opinion.

» Il appartenait, nous semble-t-il, au chef du parti libéral de ne pas s'en tenir à de simples réserves dans des circonstances aussi graves. Le problème de la misère, si inopinément et si tragiquement soulevé, méritait bien quelques paroles de sympathie, à la place de cette froide attitude, que l'on va tantôt exploiter contre nous comme du dédain ou comme un aveu d'impuissance.

» Nous connaissons bien mal le sentiment public, si la séance d'hier ne laisse pas derrière elle une impression pénible. La gauche avait là une si magnifique occasion de confondre ceux qui l'accusent de ne s'émouvoir que pour les questions de curés! Il est vraiment fâcheux qu'elle l'ait laissé échapper. »

La *Réforme* dit :

« Le gouvernement n'a trouvé d'autre expédient que de donner libre carrière à l'autorité militaire dont il n'a su ni contrôler, ni organiser l'action, et celle-ci, à son tour, livrée à elle-même, a manqué de tout sang-froid et de toute prévoyance.

» Tandis qu'on accumulait inutilement des forces énormes à Liége et que M. le ministre de la guerre paradait à Seraing, on abandonnait sans défense à l'émeute les localités industrielles les plus florissantes du pays.

» C'est là que la présence de l'armée eût pu maintenir l'ordre sans collision sanglante.

» Aujourd'hui, la grève se propage dans le pays entier, et son explosion simultanée sur tant de points et dans tant d'industries différentes atteste une crise économique et politique qui ne peut se dénouer que par de vastes réformes démocratiques.

» Le salut du pays et de son industrie le commande impérieusement.

» Le gouvernement actuel est radicalement incapable de s'élever à la hauteur des circonstances.

» Aujourd'hui, il a comparu devant le Parlement, et le Parlement est resté muet. Même le chef de l'opposition n'a pas cru devoir lui réclamer un programme, une solution politique et économique : il s'est contenté d'un appel à la force. Comme si la force pouvait suffire à faire disparaître les causes profondes d'une situation sans précédent et jusqu'à présent sans issue!

» Puisque le gouvernement s'est montré à ce point incapable de remédier au mal dans le présent et de le prévenir dans l'avenir, il n'a plus qu'à disparaître et, à défaut du Parlement, l'opinion publique exige impérieusement sa démission. »

La Nation tient le langage que voici :

« Le gouvernement, dont la sollicitude est grande, va se mettre à étudier ! Que les malheureux qui ont faim attendent... Le gouvernement étudie... Avant la fin de l'année, il trouvera!

» Si ce n'est pas se moquer du monde, nous n'y comprenons rien.

» M. Beernaert, habitué à payer les gens de promesses, s'est dit, sans doute, que, cette fois encore, les promesses suffiraient, — quitte à ne pas les tenir, selon son habitude.

» Des travaux ont été décrétés : on les fera, — aussitôt que possible; puisqu'on les a décrétés, et qu'il faut les faire, un peu plus tôt, un peu plus tard, peu importe ; cela ne coûtera pas un radis de plus à « nos maîtres », et les curés ne risqueront pas d'être frustrés.

» Quant à d'autres mesures, plus efficaces, plus immédiates, — bernique!

» Et personne n'a répondu à cette incroyable attitude! La droite a accueilli les paroles du « premier » par un murmure flatteur d'approbation. A gauche, M. Frère-Orban s'est borné à faire des réserves sur la lenteur apportée par le gouvernement dans la répression et la prévision des troubles, et qu'il y aura lieu d'examiner plus tard ; — puis, ça été tout.

» Et demain, la presse cléricale va entonner un hymne de gloire en l'honneur du gouvernement, sauveur des malheureux, refuge des opprimés, père nourricier des affamés!...

» Mais le pays jugera sévèrement, comme ils le méritent, ces ministres pusillanimes qui, après avoir été imprévoyants et incapables à l'heure du danger, ont manqué de courage et de générosité à l'heure des sacrifices. »

Nous en passons et non des moins sévères !

Avril

La situation. — Les grèves continuent. — Lettre d'Oscar Falleur. — Le Denier des Ecoles. — La justice à l'œuvre. — Les socialistes anglais. — Le parti socialiste français. — Le meeting de Wasmes. — Le soudard Vandersmissen à l'œuvre. — A la Chambre. — Arrestation de Falleur. — Saisie du *Catéchisme du Peuple*. — Le drame Vandersmissen. — Expulsions. — Le parquet à l'œuvre. — Lettre de Léon Defuisseaux. — Une enquête. — Expulsion du citoyen Tabarant. — Mort de M. Renson. — Alfred Defuisseaux et Edouard Anseele poursuivis. — Le Congrès de Gand.

Au commencement d'avril, la situation est toujours tendue. Il ne se commet plus de dégâts, mais dans toutes les parties du pays les ouvriers se mettent en grève, se promenant en groupes précédés de drapeaux rouges, et les cris de vive la République alternent avec le chant de la *Marseillaise*.

Dans beaucoup de nos villes de province où le socialisme n'avait pas encore pénétré, les ouvriers se lèvent à leur tour et réclament justice.

*
* *

Dans le bassin de Charleroi, la grève persiste

toujours. Les ouvriers de Gilly ont soumis au conseil de prud'hommes les propositions suivantes, déclarant qu'aussi longtemps qu'elles ne seront pas acceptées ils continueront la grève :

1° Une moyenne de salaire de quatre francs, que l'on obtiendra en diminuant les gros traitements des principaux employés;

2° La réglementation des heures de travail;

3° Le livret restera entre les mains de l'ouvrier et non entre celles du patron.

Au Borinage, la situation reste la même. Pendant que dans certaines communes le travail continue, dans d'autres le chômage est complet.

A Tournai et dans les environs, les ouvriers carriers ont également quitté le travail et demandent une augmentation de salaire. Le 1er avril, la maison de M. Brebart, maître de carrières, a été attaquée par les ouvriers. Les soldats sont intervenus et il y a eu deux ouvriers tués.

A Verviers et dans le pays de Liége, les grèves continuent aussi. Il en est de même dans le Centre-Hainaut, où l'armée est toujours présente. A Morlanwelz, à La Louvière et aux Écaussines, on n'est pas rassuré, car les ouvriers y sont très surexcités.

Dans une correspondance publiée par l'*Étoile Belge* sur la situation dans le Centre, nous lisons :

« Deux gendarmes viennent de conduire à la gare

de Morlanwelz, pour les diriger sur la prison de Mons par le train de 1 h. 09, trois grévistes qui demandaient des secours dans la commune. La foule se montre sympathique aux prisonniers.

» Par le même train partent quelques miliciens rappelés. *Une mère dit à son fils : « Surtout ne tire pas sur les grévistes, ce sont des ouvriers comme nous ! » Des miliciens dans les cabarets chantent la « Marseillaise ».*

Dans une autre lettre, le même journal imprime:

« Quelques carriers viennent se grouper à la tête du pont. Ils sont calmes et paraissent résolus.

» — Allons, dispersez-vous, leur dit un officier.

» — Nous ne faisons pas de mal ici....

» — Pourquoi n'allez-vous pas travailler?

» — Parce qu'on ne nous paye pas assez. Mourir pour mourir, nous aimons mieux mourir par le plomb que mourir de faim.

» Tous ils ont le même propos à la bouche.

» Je me rends dans un petit cabaret, encombré d'ouvriers. Les carriers se plaignent amèrement, mais ils ne menacent pas. Plusieurs d'entre eux ont veritablement l'air misérable. Ils ont, dans un petit sac de toile bleue, attaché à l'épaule par une ficelle, la tartine qui compose leur unique repas de la journée.

» — Il n'est pas possible, Monsieur, nous dit l'un d'eux de nourrir sa femme et ses enfants quand on ne gagne qu'un franc par jour.

» — Mais vous serez plus malheureux encore en ne travaillant pas...

» — Ça ne fait rien. Nous aimons mieux crever »...

Enfin, le même correspondant écrit de Mariemont :

«... Les trois individus arrêtés à Morlanwelz pour mendicité avec menaces sont des grévistes venus de France, déserteurs de l'armée. Ils ont crié hier soir : « Vive la République ! A bas Vandersmissen et les égorgeurs du peuple ! »

A Alost, une bande d'environ 400 à 500 ouvriers sans travail s'est promenée en ville en chantant.

Le commissaire en chef et un agent de police suivaient. Arrivés sur la Grand'Place, des centaines de personnes ont crié : « Vive la République ! »

Il y a eu trois arrestations.

Au plateau de Herve, plusieurs charbonnages, notamment le *Hazard*, sont en grève.

Les carriers des bords de l'Ourthe se mettent également en grève, ayant à leur tête l'ancien patron carrier Pahaut.

*
* *

Le Peuple publie, le 2 avril, une lettre d'Oscar

Falleur, secrétaire de l'Union verrière. Cette lettre est datée de Lodelinsart, 1er avril. Le pauvre garçon, qui se trouve maintenant à la maison centrale de Louvain, se plaint d'une descente du parquet qui a eu lieu chez lui.

Voici cette lettre :

« Lodelinsart, le 1er avril.

» Je me suis rendu à mon travail aujourd'hui à 8 heures du matin ; j'ai terminé à 4 1/2 heures de l'après-midi. C'est alors seulement que j'ai appris par le *Journal de Charleroi* que le parquet était chez moi et fouillait mon domicile. Neuf personnes perquisitionnaient : deux magistrats, le greffier, le commissaire de police et cinq pandores.

» Mes papiers ont été bouleversés de fond en comble. Les magistrats ont emporté quelques papiers, qui ont trait à l'Union verrière et à la Fédération universelle, et quelques correspondances.

» J'ignore complètement les intentions de ceux qui ont provoqué les mesures prises contre nous, mais je crois qu'il est probable qu'on veut essayer de faire retomber sur l'Union verrière la responsabilité des dévastations qui ont eu lieu dans notre arrondissement ces jours derniers.

» J'ai été interrogé par le juge d'instruction ; je lui ai retracé tout ce que j'ai vu le jour de l'incendie

Baudoux : il n'a pas trouvé utile de m'emmener, il m'a toutefois conseillé de ne pas m'écarter de chez moi.

» Le calme règne maintenant à Lodelinsart et à Jumet. Il fait tranquille ailleurs également.

» Deux lanciers ont été détachés de leur service pour conduire à la messe deux demoiselles d'un industriel, fervent catholique et maître de verreries de notre commune.

» Les deux lanciers seront signalés à Pontus, qui ne manquera pas de les décorer à la fin de leur campagne.

» O. FALLEUR. »

La situation n'est donc pas rassurante du tout, car le général Vandersmissen vient de transférer son quartier général à Mons.

*
* *

Nous sommes en carnaval ! Triste carnaval, vraiment : presque partout les bourgmestres ont pris des arrêtés défendant aux habitants de se masquer. Dans les grandes villes, quoiqu'il n'y ait pas d'interdiction, on voit peu de masques. A Bruxelles, aucun bal, aucune fête de société. Le pays n'est-il pas en deuil ?

Les courageux jeunes gens du Denier des Ecoles font placarder sur tous les murs la proclamation suivante qui produit une vive impression :

« Concitoyens!

» Les Cercles du Denier des Écoles, réunis d'urgence en assemblée générale, ont décidé, à l'unanimité, « d'ajourner » la sortie du cortège qu'ils organisaient pour dimanche prochain 4 avril.

» Cette résolution spontanée est inspirée par des sentiments d'humanité et de convenance, que vous apprécierez et que vous approuverez!

» **Un crêpe funèbre est étendu sur le pays!**

» **Le sang belge a coulé!**

» **Les ruines fument encore!**

» Concitoyens!

» Le Denier des Écoles ne recule devant aucun devoir!

» Il est venu puissamment en aide aux instituteurs frappés par la loi de 1884!

» Il a concouru efficacement à l'œuvre des ouvriers sans travail!

» En ajournant sa manifestation du 4 avril, peut-être trouvera-t-il le moyen d'apporter encore sa part de soulagement aux misères nouvelles créées par l'imprévoyance et l'égoïsme des uns et les actes désespérés des autres.

» Au nom du Comité central :

» Le Secrétaire général, Le Président,
» Louis Ficher. Jules Delecourt-Wincqz.

» N.-B. La date de la sortie du cortège sera annoncée dès que les circonstances le permettront. »

* * *

Le soudard Vandersmissen n'avait pas encore terminé sa triste besogne, que les tribunaux se mettaient à l'œuvre pour juger ou plutôt pour condamner les ouvriers.

Il s'est passé des scènes véritablement révoltantes au tribunal correctionnel de Charleroi.

Voici un spécimen de la façon d'agir de messieurs les juges, extrait du *Journal de Charleroi :*

« Avant-hier ont comparu devant le tribunal correctionnel de Charleroi des ouvriers accusés de divers délits commis lors de la grève.

« Les prévenus d'hier sont les petits. Les gros viendront plus tard. On veut d'abord expédier ceux qui n'ont à leur charge qu'une peccadille quelconque, afin de débarrasser la prison de son trop-plein.

« Quatorze prévenus ont comparu à l'audience d'hier, dont dix détenus. Le tribunal s'est montré envers eux d'une rigueur exceptionnelle, comme on le verra plus loin. Nous sommes loin d'ailleurs de l'en blâmer ; il faut des exemples, et les vrais coupables doivent être frappés sévèrement. Mais la justice doit prendre garde de toujours frapper juste, et de ne pas faire payer parfois par de pauvres diables les méfaits des autres. »

Voici encore deux échantillons de la façon dont ces messieurs du tribunal rendent la justice :

« Rectem, Auguste. 36 ans, domicilié à Piéton, prévenu d'avoir mendié avec menaces.

» Rectem s'est présenté chez une fermière de Chapelle-lez-Herlaimont, une vieille femme de 76 ans. Celle-ci dépose comme suit :

» Le témoin. — Le prévenu est venu mendier chez moi. Je lui ai donné un franc.

» M. le président. — Que vous a-t-il dit ?

» Le témoin. — Il a dit merci !

» M. le président. — N'a-t-il pas dit que vous ne lui donniez pas assez, et qu'il allait revenir avec les autres ?

» Le témoin. — Il a dit en effet que les autres allaient venir aussi chez moi.

» M. le président. — Il est entré chez vous sans vous demander la permission ?

» LE TÉMOIN. — Il est entré seulement dans la cour.

» Rectem est condamné à six mois de prison !

» GILLET, Armand, 45 ans, domestique à Charleroi, prévenu de rébellion envers la police et d'avoir été trouvé porteur d'un couteau poignard.

» Ce pauvre diable ne nous paraît pas un bien grand coupable. Il se trouvait le samedi 25 mars, près de l'Écluse, au quai de Brabant, au moment où l'armée venait refouler les grévistes vers Marcinelle. Un major qui repoussait la foule prétend avoir entendu le prévenu dire : « Faites attention, si vous avez des armes nous avons des pavés. » Le prévenu soutient qu'il a dit : « Vous avez le pavé, laissez-nous le trottoir. » Néanmoins il a été arrêté et trouvé porteur d'un couteau-poignard.

» Avant le prononcé du jugement deux témoins se sont offerts à déposer que Gillet n'avait pas tenu ce propos et qu'il ne s'était pas rebellé. Mais il était trop tard, Gillet a été condamné à 8 jours de prison. Le tribunal a tenu compte de ses bons antécédents ! »

C'est beau la justice, n'est-ce pas?

Mais voici que l'on annonce des poursuites contre Édouard Anseele, le vaillant socialiste gantois.

Dans un meeting tenu au *Vooruit*, Anseele, voyant l'émeute menaçant d'éclater dans la vieille cité gantoise, avait recommandé aux ouvriers d'être plus calmes que jamais.

« Si vous vous fâchez à votre tour, dit-il, le gouvernement ne demanderait pas mieux que de massacrer, et ce jour-là il y aurait fête au palais de l'archevêque de Malines et au château de Léopold II, assassin Ier..... »

Cette dernière phrase lui avait échappé dans la chaleur de l'improvisation. Cependant, il fut poursuivi pour outrage au roi et pour avoir, en public, contesté la force obligatoire des lois, ou d'avoir excité directement à la désobéissance aux lois, par l'appel suivant, adressé aux mères de famille, et qui parut en tête du *Vooruit*, deux jours de suite, les 28 et 29 mars, alors que les ouvriers tombaient sous les balles dans nos bassins houillers:

« A NOS LECTEURS !

» Lisez ! lisez !

» A Seraing et dans les environs on force les soldats à tirer sur le peuple. Nous ne pouvons empêcher cette guerre fratricide.

» Mais vous, pères, mères, frères, sœurs, amantes, vous le pouvez !

» Écrivez vite, très vite, à tous vos parents ou amis de l'armée; suppliez-les au nom de tout ce qui leur est cher, de ne point tirer sur le peuple.

» Ouvriers !

» Les gouvernants et les riches font des meurtriers de vos enfants !

» Les grèves s'étendent partout ! Presque tous les soldats seront bientôt forcés de devenir les meurtriers du peuple, au profit des exploiteurs.

» Pères, mères !

» Empêchez ce crime ! Ne permettez pas que du sang d'ouvrier macule la main de vos enfants !

» Écrivez-leur vite, faites écrire si vous n'êtes pas lettrés, qu'ils se rappellent que leur mère, leurs parents sont des ouvriers, qu'ils deviendront eux mêmes des ouvriers quand ils seront délivrés du joug militaire.

» Plaidez la cause de l'humanité et de l'amour du peuple !

» Ainsi nous empêcherons le triste spectacle d'ouvriers faisant couler le sang d'ouvriers !

» LA RÉDACTION. »

Naturellement, ces événements eurent un grand retentissement à l'étranger. Pendant que la presse réactionnaire des différents pays encourageait notre gouvernement à la répression, les socialistes de ces pays envoyèrent, aux ouvriers belges, des adresses de sympathie.

*
* *

La *Social-Democratic Federation*, de Londres, envoya au Conseil général du Parti ouvrier belge l'adresse suivante :

Chers camarades,

La résolution suivante a été votée par le Conseil général de la « Social-Democratic Fedération » d'Angleterre à sa réunion de jeudi soir, 1er avril 1886 :

« Que le Conseil général de la « Social-Democratic Federation, réunie le 1er avril, exprime sa sympathie pour les ouvriers victimes des soldats et de la police en Belgique, et espère que les ouvriers grévistes s'organiseront bientôt et deviendront des membres du Parti socialiste.

» Le Conseil général de la « Social-Democratic Federation » assure de plus les socialistes belges que leurs camarades de la Grande-Bretagne n'épargneront jamais leurs efforts pour organiser les classes ouvrières, et les grouper dans une combinaison nationale et internationale pour renverser la société capitaliste dans tous les pays et y substituer une société vraiment civilisée, basée sur la justice et le bien-être général. »

*
* *

De son côté, le Parti ouvrier français envoyait l'adresse dont voici la teneur :

« Citoyens,

» Fidèle à ses devoirs internationaux, le Parti ouvrier français ne saurait assister impassible aux fusillades, aux arrestations et aux calomnies dont le prolétariat belge est depuis quelques jours la cible.

» Avec vous nous protestons contre les manœuvres d'une presse servile tendant à transformer en pillards et en assassins les pillés et les assassinés de vos mines et de vos usines, vidées par le chômage et la faim.

» Avec vous nous dénonçons votre infâme petit gouvernement censitaire qui joue au Bismarck et à l'Alexandre III contre vos organisations ouvrières, et n'a de soldats et ne remporte de victoires que contre des foules désarmées.

» Ce mouvement qu'on exploite ainsi contre vous n'est qu'une explosion des souffrances et des colères longuement accumulées par l'exploitation capitaliste : c'est l'avilissement continu de la main-d'œuvre minière, constaté à la tribune de la Chambre par votre président du conseil; ce sont les perfectionnements mécaniques réduisant, dans l'industrie du verre, les bras et les salaires; c'est l'écrasement du petit patronat qui, en acculant à la même lutte ouvriers et petits bourgeois, ont amené les quelques violences qui servent de prétexte à tuerie à une bourgeoisie aussi impitoyable que lâche.

» Le socialisme n'y est pour rien, ainsi que le démontre votre non-participation à une lutte sans issue et votre poursuite de ce suffrage universel, qui, sans être l'émancipation, sera un nouveau moyen pour l'atteindre. On s'en convaincra davantage lorsque les événements qui ne peuvent venir que d'un grand pays comme l'Allemagne ou la France, vous permettront d'entrer en ligne, non pas pour brûler un ou deux bagnes industriels, mais pour vous saisir du pouvoir politique et l'employer à la reprise de tous les moyens de production restitués à la nation ouvrière.

» Mais tels qu'ils sont, ces troubles qui ont fait trembler vos maîtres, sont un des signes avant-coureurs de la révolution qui ne peut tarder. Ils font éclater aux yeux des plus aveugles les antagonismes sociaux que recèle l'ordre anarchique bourgeois et que développe l'évolution de la production capitaliste, et dont ne pourront pas plus avoir raison les fusils de vos Vandersmissen que n'ont pu en avoir raison, en 1871, les mitrailleuses de nos Gallifet.

» Vos jacqueries du Hainaut, comme nos grèves

de l'Aveyron, comme les émeutes des sans-travail de l'Angleterre, sont autant de convulsions d'un monde qui finit et dont nous saluons la fin aux cris de :

» Vive la Belgique ouvrière !

» Vive l'union internationale des travailleurs !

» Vive la Révolution sociale !

» Pour la Fédération du Centre du
Parti ouvrier et par ordre.
» Le secrétaire, HENRY. »

* * *

Pendant ces jours troublés, la Belgique si fière de ses libertés, a vu régner chez elle le régime de la terreur et du bon plaisir.

Un meeting ouvrier devait avoir lieu à Wasmes, dans le Borinage, le dimanche 4 avril. Les citoyens A. Defuisseaux et Fauviau devaient y prendre la parole. Mais le bravache général Vandersmissen, le grand maître de ce pays, en avait décidé autrement. Il fit tout simplement arrêter les deux meetinguistes, avant la réunion, et les fit reconduire chez eux, entre deux gendarmes !

* * *

Le fougueux général accoucha, à Mons, de plusieurs circulaires plus contraires à la loi les unes que les autres.

Jugez-en :

« Quartier général à Mons, le 2 avril.

» Il paraîtrait que des ballots de l'écrit « Ni Dieu, ni maître » sont répandus gratuitement parmi les troupes et que ces distributions ont même lieu par l'intermédiaire de parents ou d'amis des anarchistes, qui sont dans l'armée.

» J'appelle l'attention de toutes les autorités militaires sur les instructions que j'ai déjà données à cet égard, les priant de me faire parvenir des renseignements au sujet de ce qui précède. Il est inutile de nommer des commissions d'enquête.

» On ordonnera aux commandants de compagnie, d'escadron ou de batterie de tous les corps stationnés dans la 2e circonscription militaire, de faire des théories aux hommes pour leur expliquer, avec tous les détails nécessaires, ce que c'est que ce mouvement anarchique qu'ils ont à contenir, les horreurs que les brigands et les incendiaires ont commises dans le pays de Charleroi, le cri d'indignation parti de toutes les poitrines belges, et comment enfin les honnêtes gens de toutes conditions s'arment pour aider l'armée à repousser ces misérables.

» Le lieutenant-général commandant,

» (Signé) : baron Vandersmissen. »

En voici une autre :

« 2e circonscription militaire.

» J'ai reçu un rapport où l'on m'annonce qu'un feu a été exécuté après sommations faites par un officier.

» Le signataire ne connait pas la loi et n'a pas lu mes instructions.

» Les sommations ne peuvent être faites que dans certains cas particuliers et par des autorités civiles que la loi indique ; aucun militaire n'a le droit de se substituer à ces autorités.

» L'usage des armes est, au contraire, fait sans aucune sommation, dans les cas que prévoient mes instructions.

» Il n'est nullement nécessaire que les violences soient effectives pour être repoussées par la force des armes ; il suffit qu'elles soient imminentes, attendu qu'une troupe ne peut jamais se laisser culbuter.

» Tout militaire qui a l'ordre de tenir une position et qui voit avancer résolument sur lui une bande capable de le renverser, doit commander, d'une voix forte, à la subdivision de la tête :

FEU DE PELOTON.

» Ce commandement, entendu par les émeutiers,

constitue une véritable sommation, et les hommes qui prennent ensuite froidement la position prescrite par les règlements, attendant avec calme le dernier commandement du chef, produisent l'effet d'une seconde sommation.

» Si ce double avertissement ne suffit pas pour intimider et arrêter la bande, le chef commandera, avec sang-froid, à une distance plus ou moins rapprochée qui dépend de l'état des lieux et des circonstances :

JOUE, FEU, CHARGEZ !

» Si la bande continue à avancer, il fera un second feu et ensuite encore tous ceux qui seront nécessaires pour ne pas perdre la position qu'il a reçu l'ordre d'occuper.

» Lorsque des violences sont commises contre les propriétés, les troupes ont à arrêter les coupables et, en cas de résistance, à faire de même, au besoin, usage des armes.

» Mons, le 3 avril 1886.

» Le lieutenant-général,
(Signé) : » baron VANDERSMISSEN. »

L'usage des armes est fait sans aucune sommation !

Le commandement du feu de peloton remplacera la première sommation!

Et les commandements de : joue, feu, chargez! les deux autres sommations sans doute?

Et c'est en 1886, en Belgique, dans un pays qui se prétend civilisé, que pareilles instructions sont données!

.*.

L'arrestation illégale des citoyens Fauviau et Defuisseaux auraient dû soulever des protestations unanimes dans toute la presse, et c'est à peine si deux ou trois journaux en parlèrent! A la Chambre, M. Bara en dit quelques mots, mais se contente des explications ambiguës du ministre Beernaert.

Voici la discussion d'après le compte rendu :

— « M. Bara. — Je regrette et je blâme les désordres qui ont eu lieu récemment.

» Si les mesures que nous avons dans notre arsenal de lois sont insuffisantes, il faut en proposer de nouvelles aux Chambres; mais jusque-là la loi existante doit être respectée.

» Tant que la loi est en vigueur, il faut l'observer. Or, j'ai lu dans les journaux que le gouvernement a pris des mesures préventives pour interdire au besoin les meetings et pour arrêter les anarchistes étrangers à la commune où ils sont trouvés.

» Or, ces dispositions, inspirées, sans doute, par le désir de ramener l'ordre, sont contraires aux lois du pays. Aussi je me plais à croire que ces mesures sont rapportées d'une façon exagérée par la presse et qu'elles n'ont pas la portée qu'une simple lecture semble leur donner.

» C'est pourquoi je crois devoir demander quelques explications au gouvernement.

» M. Beernaert. — Le gouvernement n'a pas été consulté par l'honorable général Vandersmissen au sujet des instructions qu'il a données; mais en lisant le texte de ces instructions dans les journaux, nous avons été frappés de ce qu'il y avait d'apparence d'illégalité dans les termes de ces instructions.

» Des explications ont été demandées d'urgence à l'honorable général Vandersmissen.

» Peut-être l'expression a-t-elle dépassé la pensée de l'honorable général. Quoi qu'il en soit, le gouvernement n'entend rétablir l'ordre que sous condition que la loi soit, toujours et en toutes choses, respectée. (Très bien, de toutes parts) »

Des explications ont été demandées au général. La bonne blague ! Et dire que tous ces gens parlent constamment de leur respect pour notre Constitution !

*
* *

Mais en voici bien d'une autre : Oscar Falleur est arrêté.

Il a été mis en état d'arrestation le 6 avril, à 6 heures du matin, à Lodelinsart, où il avait son domicile.

Falleur a été mis en état d'arrestation « pour avoir excité aux faits de la dernière grève. »

C'est le secrétaire de l'Union verrière que l'on a voulu frapper pour faire plaisir aux maîtres de verreries.

Nous qui connaissons Falleur, qui avons été plusieurs fois en rapport avec lui, nous pouvons déclarer que ce pauvre garçon est incapable de commettre la moindre illégalité. Mais il fallait faire espérer aux exploitants que Falleur poursuivi c'était l'Union verrière morte, et cela suffisait. Dame Thémis n'y regarde pas de si près; voyez ce que fait le général Vandersmissen !

*
* *

Le parquet fait saisir, le 9 avril, tous les exemplaires du *Catéchisme du Peuple*, et des poursuites vont être ordonnées contre son auteur.

*
* *

Le même jour, à une heure du matin, le député

indépendant Gustave Vandersmissen tirait plusieurs coups de revolver sur sa femme, au nº 112 de la rue Verte.

Vandersmissen fut arrêté et conduit à la prison de Saint-Gilles. — L'état de sa femme, Alice Renault, est désespéré.

* * *

Les gens qui font métier de représenter la justice sont décidément sur les dents. Non contents de condamner, de poursuivre, de saisir des brochures, ils expulsent aussi quelques démocrates étrangers. L'administrateur de la sûreté publique fait reconduire à la frontière le citoyen Lamouche, garçon de café, et deux autres socialistes allemands.

* * *

Lors des perquisitions qui ont été faites chez le citoyen Alfred Defuisseaux, à Mévergnies, le parquet avait saisi également le manuscrit d'un ouvrage de Léon Defuisseaux : *Les Hontes du suffrage censitaire.*

L'ancien député de Mons adressa à ce sujet la lettre suivante au ministre de la justice :

« Monsieur le ministre,

» En faisant saisir mon manuscrit, vous avez écrit

la Préface la plus éloquente des «*Hontes du Suffrage censitaire.* »

» Je vous en remercie.

» A l'instar de votre ami Vandersmissen-Galliffet qui a ordonné à ses soldats de faire feu sans sommation, vous avez ordonné à vos magistrats de saisir un ouvrage qui n'a pas été publié.

» C'est dans l'ordre.

» Des élections auront lieu prochainement.

» Quoique ministre de la justice, vous n'êtes pas député. Croyez moi : présentez-vous aux électeurs et faites valoir à leurs yeux que vous faites partie d'un ministère qui, en une semaine, a violé la liberté individuelle, la liberté de réunion et la liberté de la presse.

» LÉON DEFUISSEAUX,
» ancien membre de la Chambre des représentants.

« Nice, le 12 avril 1886. »

Cette lettre fit quelque bruit... et le manuscrit des *Hontes du Suffrage censitaire* fut rendu.

*
* *

Le 17 avril, le *Moniteur belge* publiait un rapport au roi signé par les ministres Beernaert et De Moreau, et concluant à la nomination d'un comité composé de membres du Parlement, d'économistes et de publicistes, « chargé de s'enquérir de la situation du travail industriel dans le royaume et d'étudier les mesures qui pourraient l'améliorer. »

Voici le texte de ce rapport :

« Sous un régime de liberté tel que le nôtre, les intérêts de tous les citoyens sont solidaires et les populations ouvrières ont vu leur sort s'améliorer en même temps que celui des autres classes de la société.

» Il n'est personne d'ailleurs qui ne puisse aspirer aux plus hautes destinées et, parmi nos chefs d'industrie, combien n'en est-il pas qui ont eux-mêmes manié l'outil ou dont les pères étaient de simples artisans?

» Cependant, le sort des ouvriers doit faire plus particulièrement l'objet de la sollicitude des pouvoirs publics. C'est surtout des faibles qu'il faut se préoccuper.

» La Belgique n'a point manqué à ce devoir. Les sociétés de secours mutuels, organisées par une loi qui remonte à plus de trente ans, ont pris un grand développement et le gouvernement accorde la personnification civile à celles qui se font reconnaître. Les caisses de prévoyance en faveur des ouvriers mineurs jouissent du même avantage et étendent leurs bienfaits à près de 110,000 ouvriers. La loi sur l'entretien des enfants trouvés et abandonnés, l'amélioration du régime des monts-de-piété, l'institution de sociétés pour la construction de maisons d'ouvriers (mesure à laquelle Votre Majesté s'est toujours particulièrement intéressée), l'établissement de la Caisse générale d'épargne et de retraite, l'organisation de conseils de prud'hommes, ont produit, dans des ordres d'idées divers, des effets excellents.

» En même temps, les lois restrictives dont les ouvriers pouvaient se plaindre ont été supprimées : l'article 1781 du Code civil a été aboli, et les travailleurs peuvent se coaliser pourvu que ce soit pacifiquement. Ainsi, le capital et le travail occupent théoriquement le même rang dans la production de la richesse et c'est librement qu'ils règlent leurs rapports.

» L'initiative privée a, d'autre part, provoqué la création d'associations, de syndicats, de corporations et de patronages, qui ont pour but l'augmentation du bien-être moral et matériel des classes laborieuses; et un grand nombre d'établissements industriels ont créé, au profit de ceux qu'ils emploient, des institutions spéciales de prévoyance ou de charité.

» Il s'en faut cependant que tout soit fait, et le problème de l'amélioration du sort de l'ouvrier s'impose au contraire, plus que jamais à l'attention de tous.

» L'évolution économique à laquelle nous assistons, le développement énorme de la production dans tous les pays du monde, et la baisse des prix qui en est la conséquence, les effets de la libre concurrence dans certains pays et de l'adoption de tarifs protecteurs dans d'autres, ont amené des difficultés imprévues et créé entre le capital et le travail un antagonisme plus apparent que réel.

» Le moment semble donc venu d'étudier avec ensemble et méthode l'état de nos populations ouvrières et des industries qui les emploient, et d'examiner quelles sont les institutions à créer ou les mesures à prendre en vue d'améliorer la situation. Dans ces derniers temps, les sciences sociales ont été l'objet de travaux considérables, des idées nouvelles se sont fait jour et des législations étrangères ont tracé des précédents qui sont dignes d'une étude attentive.

» Ce travail, Sire, sera ardu et il soulèvera de nombreuses difficultés; mais, plus il y a d'intérêts en jeu, plus il importe de chercher sans retard à les concilier et à les harmoniser.

» Nous savons, Sire, que nous répondons aux sentiments de Votre Majesté en soumettant à Son approbation un projet d'arrêté royal instituant un comité d'étude composé de membres du Parlement, d'économistes et de publicistes.

» Il aura pour mission de s'enquérir de la situation du travail industriel dans le royaume et d'étudier toutes les mesures qui pourraient l'améliorer. L'attention constante que Votre Majesté apporte aux grands intérêts sociaux et la sollicitude qu'Elle a toujours montrée pour tout ce qui peut développer l'activité nationale et agrandir ses horizons, nous sont un sûr garant de la bienveillance avec laquelle Elle accueillera notre projet. »

Ce comité d'étude est composé comme suit :

MM. Arnould, ingénieur divisionnaire des mines ; Balisaux, sénateur ; Brants, professeur à l'université de Louvain ; Buls, bourgmestre de Bruxelles ; Cartuyvels, vice-recteur de l'université de Louvain ; Cornet, sénateur ; d'Andrimont, représentant ; Dansaert, président de l'Union syndicale de Bruxelles ; Dauby, chef de division chargé de la régie du *Moniteur* ; De Bruyn, représentant ; De Jace, publiciste ; De Laveleye, professeur à l'université de Liége ; de Molinari, publiciste ; Denis, professeur à l'université de Bruxelles ; le comte d'Oultremont, représentant ; De Ridder, professeur à l'université de Gand ; Guillery, ancien président de la Chambre des représentants ; Jacobs, représentant ; Janssens, id. ; Hanssens, id ; Harzé, ingénieur en chef ; Henry, chanoine ; baron Kervyn de Lettenhove, représentant ; Lagasse, ingénieur principal des ponts et chaussées; Lammens, sénateur; Malou, ministre d'État; Meeus, représentant; Montefiore-Levi, sénateur; Picard, avocat à la Cour de cassation; Pirmez, ministre d'État; Prins, inspecteur général des prisons; Sabatier, représentant; Sainctelette, id.; Simonis, sénateur; t' Kint de Roodenbeke, conseiller provincial.

Sont nommés secrétaires du comité : MM. de Haulleville, publiciste, et Morisseaux, chef de division au département de l'agriculture, de l'industrie et des travaux publics.

∴

Le 20 avril, le citoyen Adolphe Tabarant, un jeune écrivain français qui était chargé du reportage au *Peuple*, recevait un arrêté d'expulsion!

Tabarant ne s'occupait pas du mouvement socialiste en Belgique, mais la sûreté n'y regarde pas de si près quand elle veut sauver la société.

Tabarant quitta notre pays, accompagné de sa jeune femme, quatre jours plus tard au milieu des regrets unanimes de tous ceux qui avaient su apprécier son bon caractère.

Le soir de son départ, environ deux cents personnes étaient réunies au café du *Cygne*, Grand'Place à Bruxelles. Tour à tour, les citoyens De Paepe,

Volders, Maheu et Van Cauberg ont adressé quelques paroles d'adieu et de remerciement au vaillant citoyen que le gouvernement de monsieur Léopold expulsait.

. ' .

Le 23 avril, on annonce la mort de Mme Vandersmissen. Mort aussi le député indépendant M. Renson.

. ˙ .

On annonce encore qu'une décision de la chambre des mises en accusation renvoie devant la Cour d'assises les citoyens Anseele et Alfred Defuisseaux.

. ˙ .

Les 25 et 26 avril ont lieu, à Gand, le congrès du Parti ouvrier.

Ce fut un beau jour que celui où les délégués ouvriers du pays entier se réunirent à Gand pour discuter les intérêts de la classe ouvrière.

La réception faite aux délégués par la population gantoise fut splendide. Rarement, on vit spectacle plus imposant.

Le Congrès, lui aussi, fit de la bonne besogne.

Voici, en résumé, les diverses résolutions qui y furent adoptées :

La première question qui figurait à l'ordre du jour de ce Congrès était la manifestation du 13 juin.

Après une discussion assez longue, les propositions suivantes parviennent au bureau :

Proposition Bertrand :

1° Si la manifestation a lieu à Bruxelles, le 13 juin, le Conseil général du Parti ouvrier, d'accord avec les organisations ouvrières des principaux centres, sera chargé de son organisation ;

2° Si la manifestation est interdite, des manifestations auront lieu dans les chefs-lieux de chaque province;

3° Si ces manifestations-là sont également interdites, un Congrès extraordinaire du Parti ouvrier aura lieu afin d'aviser.

Les peintres de Bruxelles proposèrent ce qui suit :

« Au cas où la manifestation serait interdite, nous proposons d'adresser aux Chambres une pétition recouverte des signatures de tous les membres en général de nos associations ; elles verraient par les signatures que nous sommes assez nombreux pour obtenir le suffrage universel. »

Le délégué de la Section socialiste de Bruxelles, le compagnon Van Loo, fait la proposition suivante :

« La Section socialiste de Bruxelles estime que la manifestation du 13 juin doit avoir lieu, et, comme il est à craindre que nous n'obtiendrons pas justice, elle propose d'organiser d'autres manifestations à des dates fixes, à déterminer par le Congrès ou le Conseil général, dans toutes les villes où le Parti ouvrier est organisé.

» Si nous n'avons pas encore obtenu le suffrage universel à l'ouverture des Chambres législatives en novembre prochain, elle propose en outre s'examiner, s'il n'y a pas lieu d'organiser une nouvelle manifestation à cette date. »

C'est la proposition Bertrand qui est adoptée par 66 voix contre 6.

Sur la question de la nécessité d'une législation internationale du travail le Congrès déclare :

1° Que cette question est de la plus haute importance au point de vue du bien-être physique et moral des travailleurs, et que sa solution aurait un heureux résultat, non seulement pour améliorer la condition hygiénique de la population ouvrière, mais encore pour atténuer les effets de la crise économique, qui, elle aussi, est internationale;

2° Que cette législation internationale devrait porter sur tous les points qui intéressent le travail et les travailleurs, et notamment : supprimer le travail des enfants; réglementer le travail des adolescents en combinant l'apprentissage du métier manuel avec la continuation de l'instruction; supprimer le travail des femmes dans les industries où ce travail est incompatible avec la nature de la femme; fixer une journée normale de travail pour les adultes; réglementer l'hygiène des ateliers, des usines et des mines, ainsi que l'emploi des substances toxiques dans l'industrie : réglementer (dans la mesure que comporte l'utilité sociale) l'introduction de nouveaux procédés industriels capables de bouleverser l'industrie, en jetant des masses d'ouvriers sur le pavé, etc., etc.

3° Qu'il y a lieu de mettre le gouvernement belge en demeure de seconder le gouvernement suisse dans l'initiative que ce dernier a prise pour la mise en vigueur d'une législation internationale du travail;

4° Que le Parti ouvrier belge émet le vœu de voir un Congrès international de travailleurs se réunir surtout en vue d'examiner cette question, et confie à son Conseil général le soin de s'entendre avec les partis ouvriers et socialistes des autres pays pour la tenue de ce Congrès international.

5° Qu'il est urgent de pousser à la fédération internationale des ouvriers de chaque métier pour bien se renseigner sur les conditions du travail en chaque pays, sur les remèdes à y apporter et sur les divers points que devrait embrasser une législation du travail.

Au sujet de la crise économique qui sévit sur le monde entier, le Congrès estime :

1° Que la crise a pour cause primordiale un manque d'équilibre entre la production et la consommation, la première ayant été poussée à outrance grâce au machinisme et aux progrès techniques de tous genres, et la seconde au contraire s'amoindrissant à mesure que les travailleurs voient diminuer leurs ressources et, par suite, leur puissance d'achat ;

2° Que ce manque d'équilibre provient de ce que la production se fait aujourd'hui au hasard et sans plan d'ensemble, les appareils de production et leur emploi dépendant du caprice, de l'arbitraire ou des intérêts immédiats, bien compris ou mal compris, des détenteurs de la terre et des instruments de travail ;

3° Que, par conséquent, l'équilibre ne pourra s'établir d'une façon stable qu'en réalisant une organisation sociale où la terre et les instruments de travail seront aux mains de la société, de façon que celle-ci règle elle-même sa production sur les besoins de la consommation, indiqués par la statistique ;

4° Que ce mode d'appropriation du sol et des instruments de travail exige l'intervention des groupes de travailleurs, de telle sorte que la production sociale amène en même temps la juste répartition des richesses sociales;

5° A propos de la question spéciale de la crise des charbonnages et des carrières en Belgique, le Congrès déclare qu'il y a lieu d'appliquer le plus tôt possible les idées émises dans les résolutions générales ci-dessus, en mettant en pratique cette double mesure : 1° Reprise des mines par l'État; 2° organisation de chambres syndicales d'ouvriers mineurs qui traiteraient avec l'État pour l'exécution du travail des mines.

Enfin, l'ordre du jour suivant, présenté par le compagnon L. Bertrand, est voté à l'unanimité :

« Le Congrès ouvrier belge, réuni à Gand, les 25 et 26 avril 1886,

» Vu les événements qui viennent d'ensanglanter le pays;

» Considérant la situation misérable des classes ouvrières en Belgique et l'indifférence des gouvernants libéraux et catholiques pour tout ce qui regarde cette situation;

» Considérant le défaut d'instruction de la masse des travailleurs, qui également est le fait du gouvernement;

» Considérant le défaut d'organisation des ouvriers qui, en grande partie, est dû aux industriels qui défendent à leurs salariés, sous peine de renvoi, de faire partie de groupes constitués dans le but de discuter leurs intérêts,

» Le Congrès, tout en regrettant les événements de Liége et de Charleroi, déclare le gouvernement responsable de ces troubles, envoie ses sympathies aux malheureux frères de misère de ces contrées, proteste contre la répression sauvage ordonnée par le gouvernement et les illégalités commises par le sieur Vandersmissen;

» Déclare également que la Commission d'enquête nommée par le gouvernement est inutile et qu'il y a lieu de prendre des mesures immédiates pour améliorer la situation des ouvriers et accorder à ceux-ci le droit de suffrage, afin de ne plus voir se renouveler les désordres récents, et passe à l'ordre du jour. »

Ce congrès a fait un grand bien au *Parti ouvrier*. La presse tout entière en a rendu compte. L'entente la plus parfaite n'a cessé de régner entre tous les délégués des associations ouvrières belges, et l'on peut dire que c'est de là que date le grand développement qu'a pris chez nous le Parti ouvrier.

FIN DE TOME I.

Bruxelles. — Imp. E. MAHEU, rue des Fabriques, 41.

www.ingramcontent.com/pod-product-compliance
Ingram Content Group UK Ltd.
Pitfield, Milton Keynes, MK11 3LW, UK
UKHW020227220726
13923UKWH00002B/549